Mobbing im Heim

Markus Dietl

Mobbing im Heim

Gewaltfreie Lösungswege

 Springer VS

Dr. Markus Dietl
Dietl Medical Writing
München
Deutschland

ISBN 978-3-658-06250-7   ISBN 978-3-658-06251-4 (eBook)
DOI 10.1007/978-3-658-06251-4

Die Deutsche Nationalbibliothek verzeichnet diese Publikation in der Deutschen Nationalbiblio-
grafie; detaillierte bibliografische Daten sind im Internet über http://dnb.d-nb.de abrufbar.

Springer VS
© Springer Fachmedien Wiesbaden 2015

Springer VS ist eine Marke von Springer DE. Springer DE ist Teil der Fachverlagsgruppe Springer
Science + Business Media
www.springer-vs.de

Vorwort

In Heimen weht ein rauer Wind. Oft herrscht ein autoritäres System, das sich in Mobbing ausdrückt. Viele Menschen sind in unserer Gesellschaft sogar so stark ausgegrenzt, dass die Mehrheit der Gesellschaft ihre Probleme gar nicht kennt. Deshalb brauchen Heime eine Kultur, welche die Bedürfnisse der Menschen achtet. Aber von einer solchen sind einige Einrichtungen noch weit entfernt. Was damit gemeint ist, möchte ich an meinen Erfahrungen in Heimen verdeutlichen.

„Das Beste an der Arbeit ist der Feierabend", dachte ich mir früher oft, als ich in der Pflege tätig war. Damals arbeitete ich in einer Behinderteneinrichtung. Mein erster Enthusiasmus ist dort schnell verflogen. Denn meine Arbeit dort ist anstrengend. Dort ist es laut, schmuddelig und häufig geht es brutal zu. Dennoch ist der Tagesablauf immer gleich: Von 6.30–7.30 Uhr sind die Bewohner[1] zu waschen. Danach gibt es Frühstück. Damit dies reibungslos läuft, stellen die Ärzte ihre Patienten mit hohen Dosen an Medikamenten ruhig. Einige Bewohner sind trotz der hohen Dosen auffällig. Plötzlich bekommen sie einen Erregungszustand, schreien und attackieren die Mitbewohner oder das Personal. Pfleger führen erregte Patienten regelmäßig in Einzelzimmer oder fesseln sie mit Gurten. Die meisten Patienten zeigen Auffälligkeiten, wie kratzen, zwicken und beißen. Solche Verhaltensweisen sind für Hospitäler typisch und entstehen, wenn sich niemand um einen kümmert.

Egal ob Heimleiter mit Betriebsrat, Sozialarbeiter mit Klient, Krankenschwester mit Patient oder untereinander. Heime sind eine Gemeinschaft, in der die Beteiligten miteinander verbunden sind. Ohne zwischenmenschlichen Austausch lässt sich dort keine hochwertige Arbeit erbringen. Nur ist in Heimen das Hauptkriterium für Fortschritt, wirtschaftlich überlegen zu sein, viel wirksamer wäre es aber, lebensdienlich zu sein. Die Folge ist Ausgrenzung. Doch warum dulden wir solches Mobbing überhaupt?

---

[1] Aus Gründen der besseren Lesbarkeit wird jeweils nur die männliche Form benutzt, die weibliche Form ist darin jeweils miteingeschlossen.

Die Antwort ist in unserer Vergangenheit zu finden. Mobbing gehört seit Jahrhunderten zu unserer Gesellschaft. Die Mobbingkultur wurde von Generation zu Generation vermittelt und hat sich so in die Einrichtungen geschlichen. Der Vorsteher spielte schon früher den Ritter, die Angestellten bekamen die Position des Hilfsarbeiters. Um solche Mobbing-Systeme zu wandeln, ist es notwendig, dass Führungskräfte Verantwortlichkeiten delegieren und Abläufe ändern. Denn in Heimen hat das Personal in der Regel nicht ausreichend Zeit für den Klienten. Es liegt deshalb auf der Hand, dass stattfindende Kontrollen Einrichtungen in Verlegenheit bringen. Wenn Journalisten oder Behörden über die Zeitungen skandalöse Missstände wie körperliche Gewalt oder Versorgungsmängel anprangern, geraten Einrichtungen in Bedrängnis. Denn zweifellos schaden Mobbing und Kündigungen dem Ansehen der Einrichtung enorm. Ein gewaltfreier Umgang hingegen bewahrt Einrichtungen vor Schäden. Qualität schützt Institutionen. Ohne Qualität sind Heime schnell nicht mehr ausgelastet und die Pleite droht. Es lohnt sich also, wohlwollend miteinander zu reden. Spätestens dann, wenn die Mitarbeiter überlastet sind, und arbeiten liegen lassen.

Große Kliniken bieten zwar bereits fachübergreifende Programme an, damit sich Teams finden, um aber sinnvolle Leitsätze wie „Sei Mutig-Stopp Mobbing" zu verwirklichen, sind partnerschaftliche Wege zu beschreiten. Denn schwierige Situationen und Streitereien bremsen die Arbeit. Die Mobbingkultur lässt sich allerdings überwinden. Heimleiter können dazu beitragen, indem sie transparenter entscheiden und zuhören.

Wir dürfen bei Mobbing und Diskriminierung nicht wegsehen. Um Mobbing zu überwinden, benötigen Heime jedoch Hilfe. Es braucht professionell-partnerschaftliche Nähe zu den Menschen und ein breites Spektrum an Hilfsangeboten. Beispiele hierfür sind: Seminare, Schulungen, Kommunikationstrainings und Übungsgruppen. Durch solche Maßnahmen lässt sich ein wirksames Hilfesystem aufbauen. Dadurch ist es einerseits möglich, dass soziale Einrichtungen ihren Zweck dienen, und andererseits den Angestellten und Bewohnern Teilhabe ermöglichen.

Bewohner haben im Heim meiner Erfahrung nach meistens besonderen Respekt gegenüber stämmigen Männern. Diese treten gerne, wie Alphatier auf. Begriffe, wie Einfühlung und Wertschätzung sind im Wortschatz der Betreuer aber nicht vorhanden. Denn ihnen ist meist unklar, wie sie sich fühlen. Private Themen sind tabu. Dies wirkt sich auf die Atmosphäre auf der Station aus.

Oft war ich während meiner aktiven Pflegezeit erschöpft und zählte die Tage. Zum Abschied gab mir einmal ein Stationsleiter folgende Worte auf den Weg: „Wer bei uns war, kann wenigstens was erzählen". Ich kann durch meine Erlebnisse berichten, dass es in Deutschland viele Schicksale gibt, die weggesperrt sind, obwohl sie nichts verbrochen haben.

Inhaltsverzeichnis

Abbildungsverzeichnis

Tabellenverzeichnis

Einleitung 1

*Achte auf deine Gedanken. Sie sind der Anfang deiner
Handlungen.*
Chinesisches Sprichwort

Mobbing gehört leider zum Alltag in sozialen Einrichtungen. In Heimen, Kliniken
und Tagestätten wird jeden Tag geschlagen, gefesselt und geschrien. Betroffen sind
Bewohner und Mitarbeiter. Probleme in der Kommunikation werden in Einrichtungen meistens erst dann thematisiert, wenn die Fälle die Politik erreichen. Deshalb
fordern Experten zu Recht, die empathischen Fähigkeiten der Angestellten im Sozialwesen auszubauen (Weckert, 2011). Die Gewaltfreie Kommunikation bietet ein
ideales Handwerkszeug, um Ausgrenzung zu verringern.

Zuwendung ist der Kern der Arbeit am Menschen. Trotzdem wird in Schulen
und Universitäten sehr wenig Kommunikations-Know-how vermittelt. Um Mobbing im Sozialsystem zu bewältigen, brauchen wir vermittelnde Berater. Es mangelt an Kommunikationsprofis in der pflegerischen, medizinischen, psychologi-
schen und therapeutischen Versorgung.

Auch der Umgang mit beeinträchtigten Menschen und die Begleitung Ster-
bender sind von Ausgrenzung geprägt. Vor allem die Versorgung der schwer- und
sterbenskranken Menschen benötigt in besonderem Maße neben fachlicher auch
soziale Kompetenz sowie interdisziplinäre Zusammenarbeit. Bei schwierigen Gesprächen ist eine Gesprächsvorbereitung sehr hilfreich. Neue Programme sind notwendig. Denn es gibt nicht nur ambulant oder stationär. Weitere Angebote wie
Tagestätten, Beratungen für Angehörige und Kommunikationstrainings für Pflegende und Angebote für Heimbewohner sind zu schaffen. Fürsorge ist allerdings
nicht allein Aufgabe der Einrichtungen, sondern auch der Politik.

Wer bestimmt, ob unsere Bedürfnisse von Belang sind? Es gilt sich mit den
Leuten auseinanderzusetzen, welche die Macht haben, unsere Bedürfnisse zu defi-

© Springer Fachmedien Wiesbaden 2015
M. Dietl, *Mobbing im Heim,* DOI 10.1007/978-3-658-06251-4_1

nieren. Denn sie legen fest, wodurch Bedürfnisse zu erfüllen sind. Die amerikanische Politologin Nancy Fraser (1994) prägte deshalb den Begriff Bedürfnispolitik. Im Austausch ist zu klären, welche Bedürfnisse die Gesellschaft anerkennt und welche sie als wesentlich interpretiert. Beispiel: Wie sehen die Interessen der Bewohner in Bezug auf Förderangebote aus?

In Heimen sind Änderungen der Bedingungen besonders notwendig. Denn daraus resultierende Erkrankungen wie Depressionen sind nicht nur wesentliche Kostenfaktoren für unsere Gesellschaft, sondern auch Gefahrenquellen mit besonderer Sprengkraft. Untersuchungen der Europäischen Union (2010) und der Hirnforschung belegen, dass Ausgrenzung zur Gewalt führt (Bauer, 2011).

Ich mag es nicht, wenn du mir zu nahe kommst.
Ich will dir nicht zu Füßen liegen.
Campino

Bevor wir über gewaltfreie Lösungswege in Heimen nachdenken, ist zu klären: Ab wann können wir überhaupt von Mobbing sprechen? Denn der Begriff Mobbing spielt in den Zeitungen und im Bewusstsein der Menschen zwar eine große Rolle, doch obwohl jeder Mobbinghandlungen kennt, sind viele unsicher, was damit tatsächlich gemeint ist. Der englische Begriff ist von pöbeln abgeleitet. Einerseits ist nicht jeder Streit bereits Mobbing, andererseits beginnen Mobbinghandlungen aber auch nicht erst, wenn jemand in der Krise steckt.

2.1 Handelt es sich bei Mobbing um Gewalt?

Die Gewalt fängt nicht an, wenn Kranke getötet werden. Sie fängt an, wenn einer sagt: „Du bist krank und du musst tun, was ich dir sage!" Erich Fried

Am Thema Mobbing scheiden sich die Geister, wie man so schön sagt. Für die einen Menschen ist es etwas selbstverständliches, andere lehnen Ausgrenzungen ab. Zwar tritt Mobbing selten körperlich auf, aber dafür belastet es seelisch. Handelt es sich bei Mobbing dann überhaupt um Gewalt? Um es vorweg zu nehmen. Ja, man spricht dabei von seelischer Gewalt. Dies macht folgender typische Mobbing-Fall deutlich, den der Autor in einem Heim beobachtet hat.

© Springer Fachmedien Wiesbaden 2015
M. Dietl, *Mobbing im Heim*, DOI 10.1007/978-3-658-06251-4_2

Praxisbeispiel

Der 20-jährige Ewald[1] wird regelmäßig schikaniert, verspottet, bedroht, beleidigt, angerempelt und gehänselt. Mehrere Mitbewohner beteiligen sich daran. Ewald wirkt unsicher, sobald er die Gruppe betritt. Früher hatte er es nicht erwarten können, seine Mitbewohner zu sehen. Er freute sich auf die gemeinsamen Scherze und Spielereien. Aber eines Tages fing der Streit an. Der Auslöser ist unbekannt. Irgendwann gerät er in Isolation. Wenige sprechen noch mit ihm. Der Junge leidet stark unter den ausgrenzenden Bedingungen. Die Erlebnisse prägen sein Leben.

Wann ist Benehmen Gewalt? Diese Frage berührt ein Tabuthema unserer Gesellschaft. Gewalt ist dort, wo sie toleriert wird: „Das ist nicht mein Problem". Gewalt entsteht, sobald sie verharmlost wird: „Alles nicht dramatisch" und Gewalt ist sicher gegenwärtig, wo sie befürwortet wird: „Ein paar Schläge Schaden doch nicht".

Der Begriff Gewalt wird unterschiedlich genutzt. Gewalt meint, dass einem Menschen Schmerzen zugefügt werden. Also wenn er beleidigt, bedroht oder gekränkt wird. Gewalt ist also nicht auf Schläge begrenzt. Denn neben der offensichtlichen körperlichen Gewalt tritt Gewalt viel öfter verdeckt in unserer Sprache und unserm Verhalten auf.

Gewalt nimmt also sehr unterschiedliche Formen an. Sie geschieht zwischen Bewohnern genauso wie zwischen Vorgesetzten und/oder Kollegen. Selbst Kinder und Senioren grenzen andere aus. Wohl am häufigsten, und auch am verstecktesten, ist aber die sogenannte strukturelle Gewalt, die sich auf alltägliche Strategien stützt. Grenzüberschreitungen, Herabsetzungen, Machtmissbrauch oder Bestrafungen – so zeigt sich diese Form im Sozialwesen.

2.1.1 Mobbing: Was ist das?

Geprägt wurde der Begriff Mobbing vom Tierpsychologen Konrad Lorenz (1963). Damit bezeichnete er Gruppenangriffe von Tieren auf einen Fressfeind oder auf einen anderen überlegenen Gegner, wie Gänsen auf einen Fuchs. Der schwedische Mediziner Peter-Paul Heinemann (1969) hat den Begriff übernommen. Er bezeichnete damit das Ereignis, dass eine Gruppe eine Person bedrängt, die sich abweichend verhält. In einem Artikel über Apartheit bezog er sich auf den Mobbing-Begriff von Konrad Lorenz.

---

[1] Namen sind durch den Autor geändert.

▶ **Mobbing** Die Grenze zwischen Konflikten und Mobbing ist fließend und beide Begriffe ähneln sich. Experten sind sich zudem uneinig. Sie verwenden engere und weitere Definitionen. Die Grundlage der Mobbingforschung legt Heinz Leymann. Der deutsche Arbeitspsychologe forschte in Schweden über Mobbing. In den 1990ern stieß er mit seinem Buch Mobbing – Psychoterror am Arbeitsplatz mehrere Forschungsprojekte an. Er schreibt: „*Mobbing umfasst negative kommunikative Handlungen, die gegen eine Person gerichtet sind (von einer oder mehreren anderen) und die sehr oft und über einen längeren Zeitraum hinaus vorkommen und damit die Beziehung zwischen Täter und Opfer kennzeichnen*" (Leymann 1993, S. 60). Verbreitete Kriterien für Mobbing sind, dass es mindestens einmal pro Woche und über mindestens sechs Monate auftritt. Der Psychiater Argeo Bämayr betrachtet Mobbing hingegen nicht ausschließlich im Arbeitskontext. Mobbing bedeutet für ihn, dass jemand im Rahmen einer Täter-Opfer-Konstellation innerhalb einer sozialen Gemeinschaft oder einem Abhängigkeitsverhältnis der Täter mittels Psychoterror gesundheitlichen und sozialen Schaden erleidet (Bämayr 2012, S. 99).

Bei einmaligen Vorfällen oder wenn die Konfliktparteien gleich stark sind, lässt sich also nicht von Mobbing sprechen, da Mobbing eine sehr unmenschliche Form der sozialen Ausgrenzung benennt. Ein Konflikt bedeutet deshalb nicht gleich Mobbing. Doch auch wenn so mancher Fall nicht unbedingt unter die Mobbingdefinition fällt, verursacht Ausgrenzung Schmerzen, die kaum beachtet werden. Denn Mobbing erfolgt vor allem indirekt (strukturell). Obwohl organisatorische Bedingungen Mobbing oft auslösen (Zapf et al. 1996), setzen die Bewältigungsmaßnahmen zu wenig dort an. Solche Maßnahmen sind stark unterentwickelt. Hier liegt der Hebel, um Mobbing wirksam zu begegnen. Abbildung 2.1 zeigt die unterschiedlichen Formen von Mobbing.

2.1.2 Mobbinghandlungen: Angriffe von subtil bis offensichtlich

Sobald jemand regelmäßig Streit absichtlich provoziert, und einsetzt, um Menschen zu schaden, besteht ein begründeter Verdacht auf Mobbing. Mobbing ist demnach ein außer Kontrolle geratener Streit. Nährböden für Mobbing sind: Über- oder Unterforderungen, Machtkämpfe, mangelndes Einfühlungsvermögen, Klüngel, schmerzhafte Beziehungen, schwache Führungspersönlichkeiten und Orientierungslosigkeit.

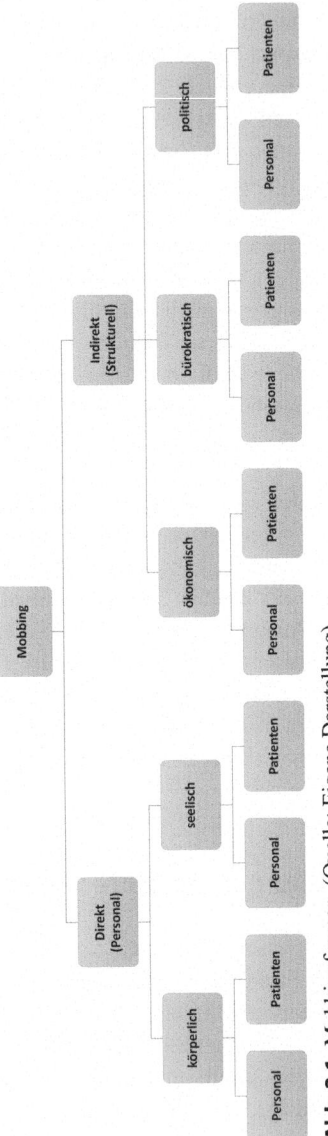

Abb. 2.1 Mobbingformen. (Quelle: Eigene Darstellung)

Kollegen, Vorgesetzte, Bewohner oder Angehörige schränken die Möglichkeiten ein, zu Wort zu kommen, üben Kritik, drohen oder verweigern den Kontakt. Die Attacken richten sich zum Beispiel auf die sozialen Beziehungen, wenn jemand ignoriert wird. Angriffe können aber auch auf das soziale Ansehen zielen. Dies geschieht, sobald jemand Gerüchte verbreitet, den Betroffenen beleidigt und oder ihn lächerlich macht. Bei Angriffen auf die Qualität der Berufs- und Lebenssituation erhalten Betroffene keine Aufgaben mehr oder sinn- und aussichtslose Beschäftigungen. Es sind auch Angriffe auf das Wohlbefinden möglich. Hierzu gehört die körperliche Gewalt.

Einige Mobbinghandlungen entwickeln sich erst zu massiver Gewalt, sobald Mobber diese systematisch betreiben. Andere stellen aber schon alleingenommen eine grobe Verletzung der menschlichen Würde dar. Bei einer einmaligen Handlung lässt sich trotzdem nicht von Mobbing sprechen. Der Wissenschaftler Heinz Leymann (1993) hat 45 Mobbinghandlungen aufgelistet (Abb. 2.2). Wer eine oder mehrere der angeführten Handlungen mindestens einmal in der Woche und mindestens über ein halbes Jahr hinweg erlebt, ist mit hoher Wahrscheinlichkeit von Mobbing betroffen.

2.1.3 Verlauf: Mobbingphasen erkennen

Wenn Mobbing früh erkannt wird, ist die Aussicht die Mobber zu zähmen am größten. Wer Mobbing ignoriert, kann den eskalierenden Streit schnell nicht mehr stoppen. Einfach zum Tagesgeschäft überzugehen ist bei Mobbing gefährlich. In welchen Phasen Mobbing geschieht, zeigt dieses Ereignis, das der Autor beobachtete.

Praxisbeispiel

Früher waren wir uns einig: „Wir sind ein tolles Team." In den Mittagspausen besprachen wir Privates und vertrauten uns gegenseitig. Doch dann kam der Streit. Die Heimleiterin Margot fordert vom Teamleiter Alfred, trotz Personalmangel jemanden für den Nachtdienst zu bestimmen. Doch er möchte lieber auf eine Personalvermittlung zurückgreifen, und weigert sich deshalb. Alfred setzt sich durch, aber dies hat Folgen. Die Gespräche mit seiner Vorgesetzten Margot sind seitdem belastet. An eine dynamische Entwicklung der Probleme mag Alfred nicht glauben. Aber Mobbinghandlungen zu ignorieren, ist keine gute Idee.

Nach Heinz Leymann (1993) lässt sich Mobbing in vier Phasen einteilen: Konflikt, Mobbing, Eskalation und Ausschluss (Abb. 2.3).

Angriffe auf die Möglichkeit, sich zu äußern

1. Der Vorgesetzte schränkt die Möglichkeit ein, sich zu äußern.
2. Man wird ständig unterbrochen.
3. Kollegen schränken die Möglichkeit ein, sich zu äußern.
4. Anschreien oder lautes Schimpfen.
5. Ständige Kritik an der Arbeit
6. Ständige Kritik am Privatleben
7. Telefonterror
8. Mündliche Drohungen
9. Schriftliche Drohungen
10. Kontaktverweigerung durch abwertende Blicke oder Gesten.
11. Kontaktverweigerung durch Andeutungen, ohne dass man etwas direkt ausspricht.

Angriffe auf die sozialen Beziehungen

12. Man spricht nicht mehr mit den Betroffenen.
13. Man lässt sich nicht ansprechen.
14. Versetzung in einen Raum weitab von Kollegen.
15. Den Arbeitskollegen/innen wird verboten, den/die Betroffene/n anzusprechen.
16. Man wird wie Luft behandelt.

Angriffe auf das soziale Ansehen.

17. Hinter dem Rücken des/der Betroffenen wird schlecht über ihn/sie gesprochen.
18. Man verbreitet Gerüchte.
19. Man macht jemanden lächerlich.
20. Man verdächtigt jemanden, psychisch krank zu sein.
21. Man will jemanden zu einer psychiatrischen Behandlung zwingen.
22. Man macht sich über eine Behinderung lustig.
23. Man imitiert den Gang, die Stimme oder Gesten, um jemanden lächerlich zu machen.
24. Man greift die politische oder religiöse Einstellung an.
25. Man macht sich über das Privatleben lustig.
26. Man macht sich über die Nationalität lustig.
27. Man zwingt jemanden, Arbeiten auszuführen, die das Selbstbewusstsein verletzen.
28. Man beurteilt den Arbeitseinsatz in falscher und kränkender Weise.
29. Man stellt Entscheidungen des/der Betroffenen in Frage.
30. Man ruft ihm/ihr obszöne Schimpfworte oder andere entwürdigende Ausdrücke nach.
31. Sexuelle Annäherungen oder verbale sexuelle Angebote

Angriffe auf die Qualität der Berufs- und Lebenssituation

32. Man weist dem/der Betroffenen keine Arbeitsaufgaben zu.
33. Man nimmt ihm/ihr jede Beschäftigung am Arbeitsplatz, sodass er/sie sich nicht einmal selbst Aufgaben ausdenken kann.
34. Man gibt ihm/ihr sinnlose Arbeitsaufgaben.
35. Man gibt ihm/ihr Aufgaben weit unter seinem/ihrem eigentlichen Können.
36. Man gibt ihm/ihr ständig neue Arbeiten.
37. Man gibt ihm/ihr kränkendeArbeitsaufgaben.
38. Man gibt dem/der Betroffenen Arbeitsaufgaben, die seine/ihre Qualifikation übersteigen, um ihn/sie zu diskreditieren.

Angriffe auf die Gesundheit

39. Zwang zu gesundheitsschädlichen Arbeiten
40. Androhung körperlicher Gewalt
41. Anwendung leichter Gewalt, zum Beispiel um jemanden einen Denkzettel zu verpassen.
42. Körperliche Misshandlung
43. Man verursacht Kosten für den/die Betroffene/n, um ihn/ihr zu schaden.
44. Man richtet physischen Schaden im Heim oder am Arbeitsplatz des/der Betroffenen an.
45. Sexuelle Handgreiflichkeiten

Abb. 2.2 Liste der 45 Mobbinghandlungen nach Leymann

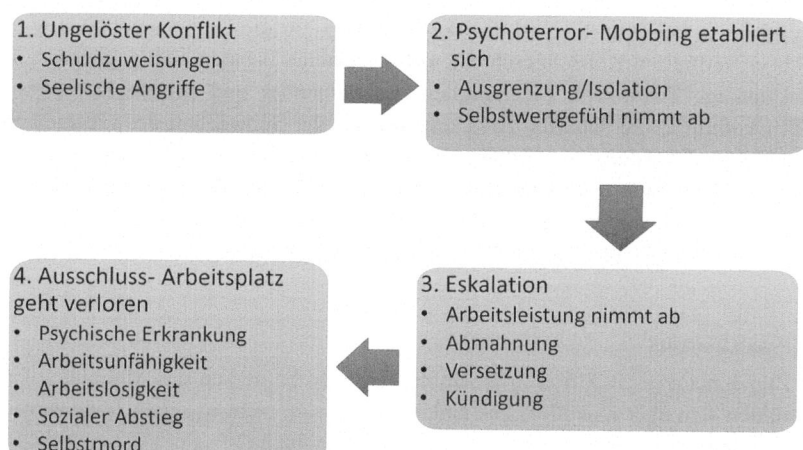

Abb. 2.3 Mobbingverlauf nach Leymann. (Quelle: Eigene Darstellung, angelehnt an Leymann (1993))

Phase 1 Konflikt Für eigene Fehler werden Sündenböcke gesucht. Die Kommunikation verläuft aggressiv und unmoralisch. Bei einer Auseinandersetzung mit dem Betroffenen unterliegt der Mobber zunächst. Dann holt sich der Mobber Unterstützung bei Mitläufern. Die Arbeitsatmosphäre verschlechtert sich. Irgendwann belasten verdeckte Gemeinheiten das Arbeitsklima. Das Vertrauen sinkt. Die Arbeit ist keine Aufgabe mehr, die zusammen erfüllt wird. Es entwickelt sich Feindseligkeit.

Praxisbeispiel

Geld verschwindet. Obwohl Beweise fehlen, verbreitet sich das Gerücht in der ganzen Einrichtung: Es wird gemunkelt, dass es Alfred gewesen sein soll.

Phase 2 Mobbing Die Feindseligkeiten konzentrieren sich auf wenige Gruppenmitglieder. Die Situation kippt. Ein Teilnehmer gerät in den Brennpunkt der Mobbinghandlungen, und wird Hauptbetroffener. Es nimmt die Bereitschaft zu, ihn bloßzustellen, herabzusetzen und auszunutzen. Anstatt dem Betroffenen mit Rat und Tat zur Seite stehen, entwickeln sich Auseinandersetzungen. Diese haben seelische oder sogar körperliche Gewalt zur Folge. Der Betroffene gelangt in einen

Teufelskreis, bei dem die Wirkung des Mobbings für die Ursache gehalten wird. Mobber verbreiten Klatschgeschichten. Die Parteien bringen sich gegenseitig in missgünstige Positionen. Sie kämpfen gegeneinander und suchen Komplizen. Offen kommt es zu scharfen Attacken, die auf die Schwächen des Gegenübers gerichtet sind. Drohungen werden geäußert. Eine Eskalation wird durch Ultimaten beschleunigt. Spätestens in dieser Phase ist es sinnvoll, einen Mediator oder einen Mobbing-Berater hinzuzuziehen. Denn falls in Phase 2 keine Gegenmaßnahmen getroffen werden, lässt sich der Prozess kaum mehr stoppen.

Praxisbeispiel

Zunehmend gerät Alfred in Isolation. Kollegen bemerken das Mobbing zwar, fühlen sich aber machtlos. Die anderen sind froh, nicht in seiner Lage zu sein und Schweigen. Bald wird ihn keiner mehr beachten.

Phase 3 Eskalation Schikanen nehmen weiter zu. Das Mobbing wird von außenstehenden Beobachtern bemerkt. Der Betroffene meidet zunehmend Kontakte. Vereinzelt reagiert er auch mit Widerstand. Der Betroffene versucht, immer mehr sein Selbstwertgefühl aufrecht zu halten. Doch er verliert den Rückhalt und wird zum Außenseiter. Krankheitsbedingte Fehlzeiten sind die Folge. Die Arbeitssituation ist für den Betroffenen kaum mehr erträglich. Er ist zwischen Gefühlen wie Wut und Hilflosigkeit hin und her gerissen. Mobbing-Berater können nur noch Auswüchse verhindern. Die Ausgrenzung schreitet aber zu dynamisch fort. Sie lässt sich nicht mehr stoppen.

Praxisbeispiel

Für Alfred wird die Arbeit zur Hölle. Die Kollegen meiden ihn. Versucht er, sich am Gespräch zu beteiligen, werden seine Beiträge ignoriert. Eine Kollegin möchte etwas tun. Sie versucht ein Gespräch mit Margot zu organisieren. Doch das Mobbing ist zu weit vorgeschritten.

Phase 4 Ausschluss Der Betroffene kann sich vor den Feindseligkeiten nicht mehr schützen. Er steht vor der freiwilligen oder unfreiwilligen Kündigung. Falls außenstehende Beobachter das Mobbing nicht beenden, erleidet der Betroffene schwere seelische Beeinträchtigungen. Mobbing trägt maßgeblich zu sogenannten Burn-out und anderen Erkrankungen bei. Der Charakter der Betroffenen ändert sich. Manche bringen sich auch um.

> **Praxisbeispiel**

Es war eine Frage der Zeit, bis er seine Arbeit aufgibt. Sein unbefristeter Vertrag hat ihm nicht geholfen. Inzwischen ist er dieser Arbeitshölle entkommen und darüber ist er froh. Seine Gesundheit dafür komplett zu opfern, wäre die Sache sicher nicht wert gewesen.

▶ **Bitte beachten Sie** Geben Sie Störungen Vorrang! Je früher ein Streit bearbeitet wird, desto leichter lässt er sich bewältigten. Beachten Sie die Körpersprache der Beteiligten und in der Luft liegende Spannungen. Falls Sie lange warten oder sie vernachlässigen, kennt niemand mehr den Grund für den Streit. Der Auslöser wird vergessen. Gerüchte machen die Runde. Es besteht Mobbinggefahr.

Wichtig Falls in der 2. Phase des Mobbingverlaufs keine Gegenmaßnahmen getroffen werden, ist der Mobbing-Prozess kaum mehr zu stoppen.

2.1.4   Formen: Verdecktes Mobbing erkennen

Um die Gewalt in unseren Heimen zu überwinden, ist es notwendig sie wahrzunehmen. Grundsätzlich gilt für Einrichtungen: Neben körperlichen Gewalttaten und Kränkungen spielen ausgrenzende Bedingungen eine wesentliche Rolle. In den Heimen besteht ein Mangel an Angeboten für die Bewohner (Gräßel et al. 2011), der aber leider oft nicht wahrgenommen wird.

> **Praxisbeispiel**

Eigentlich stehen am Montag Aktivierungsspiele auf dem Programm. Doch es gibt keine Plätze mehr. Deswegen verbringt Frieda den Tag in ihrem Zimmer.

Im Flur riecht es bereits nach Essen. Zwei Bewohner sitzen in Rollstühlen im Garten, um die Herbstsonne zu genießen. Die anderen würden das auch gerne, doch es fehlt Personal. Um 11.45 Uhr geht's für Frieda in den Gemeinschaftsraum. Sie bekommt das Mittagessen serviert. Es gibt Spinat, Spiegelei und Salzkartoffel. Um 12.15 Uhr geht's zurück ins Zimmer, dass sie mit anderen teilt. Dort liegt sie wieder in ihrem Bett, wie jeden Tag. Nächste Woche findet für sie vielleicht Gedächtnistraining statt.

Unterversorgung wird häufig nicht wahrgenommen. Besonders wenn sie aufgrund der Bedingungen geschieht. Es ist deshalb sinnvoll, zwischen wahrgenommenen und nichtwahrgenommenen Mobbing zu unterscheiden. Wahrgenommenes Mob-

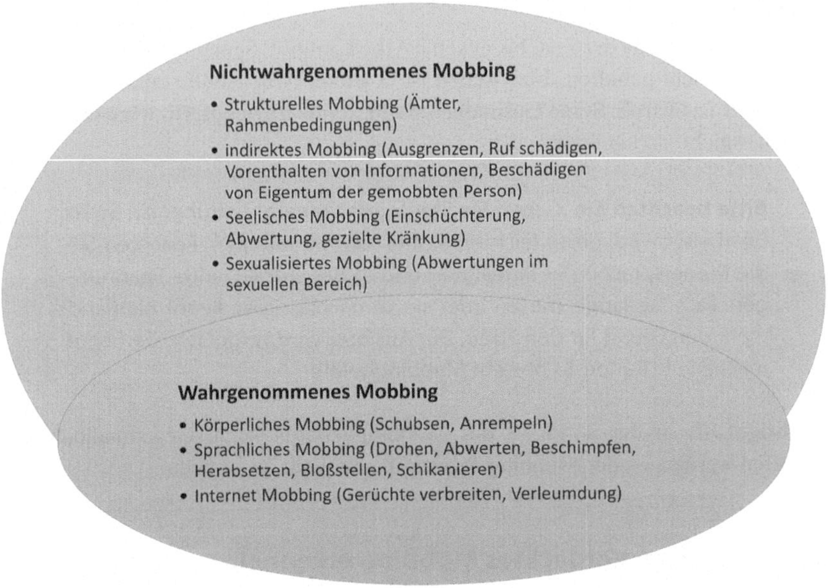

Nichtwahrgenommenes Mobbing

- Strukturelles Mobbing (Ämter, Rahmenbedingungen)
- indirektes Mobbing (Ausgrenzen, Ruf schädigen, Vorenthalten von Informationen, Beschädigen von Eigentum der gemobbten Person)
- Seelisches Mobbing (Einschüchterung, Abwertung, gezielte Kränkung)
- Sexualisiertes Mobbing (Abwertungen im sexuellen Bereich)

Wahrgenommenes Mobbing

- Körperliches Mobbing (Schubsen, Anrempeln)
- Sprachliches Mobbing (Drohen, Abwerten, Beschimpfen, Herabsetzen, Bloßstellen, Schikanieren)
- Internet Mobbing (Gerüchte verbreiten, Verleumdung)

Abb. 2.4 Nicht-Wahrgenommenes Mobbing. (Quelle: eigene Darstellung)

bing geht meistens direkt von den Bewohnern oder vom Team in Form von körperlicher oder sprachlicher Gewalt aus und richtet sich gegen das Personal oder die Bewohner. Nichtwahrgenommenes Mobbing zeigt sich hingegen oft indirekt. Es tritt durch die ausgrenzenden Bedingungen oder durch Menschen in hohen Positionen auf (Abb. 2.4).

▶ **Bitte beachten Sie** Menschen werden meistens nicht durch direkte Gewalteinwirkung bedrängt. Die ausgrenzende Gewalt passiert oft indirekt.

2.1.5 Mobbing in sozialen Berufen

Soziale Berufe sind Mobbing Spitzenreiter. Laut dem Mobbing-Report wird nirgends so viel gemobbt, wie in diesen sozialen Berufen (Meschkutat et al. 2002). Im Internetforum fragt Anna K.: „Wie unsozial wird der soziale Bereich noch?" Sie hat in Ihrer dreijährigen pädagogischen Laufbahn bereits zwei Mobbingversuche erlebt. Die Berlinerin schreibt, dass Mobbing in der Teamarbeit immer schärfer wird und vom Umgang mit den Kindern möchte sie erst gar nicht anfangen (Erzieherin online 2003).

Dieses Erlebnis ist kein Einzelfall. Die Gesundheitswissenschaftlerin Jeannette Drygalla (2011) zeigt, dass ein Viertel der Pflegenden schon mal von Mobbing betroffen waren und über die Hälfte hat es bereits am Arbeitsplatz beobachtet.[2]

Info: Verbreitung von Mobbing unter Pflegekräften

- 25 % der Pflegekräfte waren selbst schon von Mobbing betroffen.
- 52 % der Befragten hat am Arbeitsplatz mindestens einmal beobachtet.
- 11 % geben an schon gemobbt zu haben (Drygalla 2011).

Starre Arbeitsabläufe und leidende Patienten kennzeichnen den Alltag im Sozialwesen. Wenn die Belastung besonders hoch ist, stößt das Personal an Grenzen. Die Nerven liegen blank und der Schritt zur Ausgrenzung ist nah. Nicht immer liegen Versäumnisse so offen auf der Hand, wie in diesem Zeitungsausschnitt.

Aufgelesen

„Skandalöse Zustände in fränkischem Altenheim", titelt 2009 die Welt: Eine grobe Behandlung, sprachliche Entgleisungen und Mobbing erlebte eine junge Pflegerin in einem Altenheim. Als es einer 80-Jährigen nicht gut ging, forderte sie gemeinsam mit einer Kollegin die Stationsleiterin auf, einen Arzt zu rufen. Doch die antwortete nur: „Da wird kein Doktor geholt, die stirbt eh gleich (Völkerling 2009)."

Solche Situationen sind für Heime typisch. Denn Einrichtungen üben bis hin zu den kleinsten Verästelungen ausgrenzende Handlungen aus. Die ablehnende Haltung ist im Denken der Führungskräfte oft stark verwurzelt.

---

[2] Laut dem Forscher Dieter Zapf (2010) hängt die Häufigkeit von der Erhebungsmethode ab. Auf eine direkte Frage, ob jemand in den letzten 6 Monaten gemobbt wurde, liegt Verbreitung europaweit im Schnitt bei 20 % Mobbing. Wenn jemand mit einem Fragebogen frägt und als Kriterien; mindestens wöchentlich und mindestens 6 Monate berücksichtigt, dann liegt die durchschnittliche Verbreitung bei 11 % Mobbing. Falls jemand eine präzise Definition, Instruktion und zusätzlich einen Fragebogen vorgibt, kommt man auf eine Häufigkeit von 4 % Mobbing. Diese würde bedeuten, dass es in einem Betrieb mit 1000 Mitarbeitern 40 Fälle gab.

2.2   Direktes Mobbing

Wo alle loben, habt Bedenken. Wo alle spotten, spottet nicht. Wo alle geizen, wagt zu
schenken. Wo alles dunkel ist, macht Licht. Lothar Zenetti

Kein Arbeitsgebiet ist vielschichtiger, als das soziale. Ob auf Station oder zu Hause, ob Klinik oder Heim, ob Arztpraxis oder Pflegedienst. Es arbeiten immer unterschiedliche Berufsgruppen, Disziplinen, Versicherungen und Ämter zusammen.
Darin sind wiederum verschiedene Altersgruppen, Geschlechter und Hierarchie-
stufen vertreten. Das führt zu Missverständnissen, Spannungen und oft zur Ausgrenzung. Es gibt aber keine Lust an der Ausgrenzung. Unser Gehirn ist vielmehr
auf Teamwork eingestellt und auf das Bedürfnis nach Bindung und Geborgenheit.
Wir Menschen sind soziale Wesen und in vielen unserer Bedürfnisse voneinander
abhängig. Sobald jemand die Schmerzgrenze eines anderen überschreitet, erzeugt
er Aggressionen. Trotzdem können diese uns auch helfen, unversehrt zu bleiben
(Bauer 2011). Die Ursachen sind also keineswegs offensichtlich, sondern durch
viele Einflüsse bedingt.

2.2.1   Ursachen bei den Mobbern

Mobber streben meistens selbst nach der Gunst eines anderen Mobbers. Dies nährt
einen Kreislauf aus angepassten, neidischen und intoleranten Verhalten. Doch jeder kann auf dem Abstellgleis landen. Ausgrenzende Gruppenereignisse sind alltäglich. Dies zeigt dieser typische Fall.

Praxisbeispiel

Tick, Tick, Tack, macht die Uhr. Seit 20 Jahren ist Alfred im Betrieb. Er wartet
im Stationszimmer auf Arbeit, aber er bekommt wenige Aufgaben. Müll ent-
sorgen, Betten machen oder Windeln wechseln. Diese Tätigkeiten demütigen
ihn weiter. Früher konnte er sich vor Überstunden nicht retten. Jetzt hat er fast
nichts mehr zu tun. Seine Vorgesetzten und Kollegen ignorieren ihn. Keine Fragen, keine Gespräche und keine Einladungen zum Mittagessen. Keiner schaut
ihn an. Sie lassen ihn warten, ohne etwas zu sagen.

Wir alle kennen solche Chefs, Bewohner oder Kollegen. Sie meckern und unter-
drücken gerne. Es gibt zwar Vorgesetzte, die ihre Macht mit den Menschen leben,
viele sind aber in einem ausgrenzenden Denken gefangen. Auch Führungskräfte

sind gefährdet, Mobbing-Betroffene zu werden. Denn Sie haben oft ebenso einen ausgrenzenden Chef, der sie zu Mobbinghandlungen anstiftet. Wer sich quer stellt gerät selbst auf die Abschussliste. Arbeit wird entwertet. Fehler werden gefunden, die früher niemals beanstandet worden wären. Nach der Metastudie von Zapf et al. (2010) mobben vor allem die oberen Etagen. Die Mobber sind zu etwa zwei Drittel Vorgesetzte. Je niedriger die Position in der Hierarchie der Einrichtung, desto höher ist die Wahrscheinlichkeit, von Kollegen gemobbt zu werden. Je höher die Stellung, desto höher die Wahrscheinlichkeit, vom Vorgesetzten gemobbt zu werden.

Info: Wer beteiligt sich am Mobbing?
Status der Mobber:
- 66 % Vorgesetzte
- 38 % Kollegen
- 10 % Untergebene (Zapf et al. 2010)

Für Mobber sind Mobbing-Betroffene Sündenböcke. Sie sind eine Projektionsfläche für ihre eigenen unangenehmen Gefühle. Mit ihrer ablehnenden Körpersprache überspielen die Angreifer gerne ihr schwaches Selbstwertgefühl. Um die Angst davor zu überwinden, nicht selbst Opfer zu werden, ist eine gewisse soziale Kompetenz und eine starke Persönlichkeit notwendig. Wer Konflikte entfacht, ohne sie lösen zu können, handelt inkompetent. Wichtig wäre hierbei, die Sichtweise des Gegenübers einzunehmen und sich in seine Situation einzufühlen. Sonst endet Mobbing oft mit schweren Folgen.

Praxisbeispiel
Niemand von den Kollegen glaubte, dass Alfred es so lange durchhalten würde. Tatsächlich zieht er seinen Kampf eisern durch. Kopfschmerz, Nasenbluten und immer diese Angst – das sind seine Begleiter. Nach drei Wochen lenkt er wegen seinen körperlichen Beschwerden ein. Er nimmt eine kleine Abfindung an und geht.

Info: Schmerz
Niemand empfindet Freude beim Ausgrenzen von Menschen. Aber warum mobben wir dann?
Täglich berichten Zeitungen über Schicksale und Gewalttaten. Ein Lokführer überfährt einen lebensmüden Prominenten. Jemand überlebt einen Skiunfall schwer verletzt. Oberarzt begeht Selbstmord. Helfer sind im Katastrophengebiet angekommen. Geiselnahmen, Folter, Krieg …

Die Zeitungen berichten aber nicht, wie die Betroffenen und ihre Angehörigen mit solchen Ereignissen fertig werden. Ob sie die Erfahrungen bewältigen, oder lange darunter leiden. Wir glauben, dass die meisten ohne Schäden solche schockierenden Erlebnisse überwinden. Oft sieht es aber anders aus: Flashbacks, Albträume, sozialer Rückzug, emotionale Taubheit, Schreckhaftigkeit und Schlafstörungen sind mögliche Folgen. Menschen reagieren mit Aggression und Gewalt, wenn bei ihnen eine bestimmte Schmerzgrenze überschritten wird. Diese Schmerzgrenze wird durch körperliche Gewalt erreicht, sowie durch Ungerechtigkeit und Ausgrenzung (Bauer 2011). Für Gewalt gibt es also viele Gründe. Trotzdem lässt sich ein Mechanismus erkennen. Wer Menschen ausgrenzt, hinterlässt bei ihnen Spuren. Jeder, der schikaniert wird, leidet darunter körperlich und seelisch. Und dieser Schmerz macht wiederum gewaltbereit.

2.2.2 Ursachen beim Betroffenen: Persönlichkeitsmerkmale

Es gibt keine Mobbing-Persönlichkeit. Jeder Mensch kann von Mobbing betroffen sein. Dennoch führen bestimmte Merkmale besonders häufig zur Ausgrenzung. Dies können solche, wie in dieser Fallbeschreibung sein.

Praxisbeispiel

Alfred ist ein kleiner, schlanker blasser Mann, um die vierzig mit braunen Haaren und Föhnfrisur. Oft trägt er Kontaktlinsen. Ohne sie wäre er fast blind. Er besitzt ausschließlich alte Hosen. Früher waren diese aber Qualitätsware. Alfred wirkt so unsicher, dass er fast schon spröde ist. Meistens ist er auf dem Weg zum Rauchen, im Treppenhaus anzutreffen. Er grüßt dabei hektisch und geht einem auffällig weit aus dem Weg. Früher wollte er Abteilungsleiter werden. Bei der Personalbesprechung meinte Margot aber: „Alfred kann nicht mit jedem." Damit war alles gesagt.

Wer Mobbing-Betroffene selbst fragt, warum sie gemobbt wurden, bekommt laut Mobbingreport zur Antwort, weil ich Kritik geäußert habe. Diesen Grund geben 60 % der Befragten an. Genauso viele glauben, gemobbt zu werden, weil sie als Konkurrenz empfunden werden (Meschkutat et al. 2002).

Es mag zutreffen, dass jüngere Angestellte etwas öfter von Mobbinghandlungen betroffen sind. Das Alter spielt beim Mobbing jedoch keine wesentliche Rolle. Eine erhöhte Mobbinggefahr besteht hingegen für Menschen, die bestimmte Persönlichkeitseigenschaften zeigen, wie Unsicherheit, Perfektionismus, Rücksichtslosigkeit, Trägheit.

Ein weiterer Aspekt ist das Geschlecht. Insgesamt sind Frauen im Vergleich zu Männern öfter von Mobbing betroffen. Nach einer Übersichtsarbeit von Zapf et al. (2010) sind unter den Betroffenen 62 % Frauen und 38 % Männer. Es ist auch hilfreich, gut mit dem anderen Geschlecht zu können. Denn es ist bekannt, dass es Frauen allein in Männerberufen wie der Polizei oder der Bundeswehr schwer haben. Gleichermaßen haben es Männer schwer, wenn sie alleine unter Frauen sind. In sozialen Berufen kommen solche Situationen oft vor. Da der Frauenanteil in sozialen Berufen laut dem Statistischen Bundesamt bei rund 80 % liegt (Mischke und Wingerter 2012). Darüber hinaus gibt es in Deutschland noch ein starkes Familienernährermodell, wonach die Frau zu Hause bleibt und der Mann einer Erwerbstätigkeit nachgeht. Ein ausgeglichenes Geschlechterverhältnis in der Arbeitswelt wirkt Mobbing entgegen.

2.2.3 Ursachen in den Sozialbeziehungen: Konflikte

Nicht jeder Konflikt führt zu Mobbing. Trotzdem bedeutet Mobbing: Misslungenes Konfliktmanagement. Dabei gerät die Energie eines Konfliktes außer Kontrolle und entfaltet sich impulsiv, spontan und planlos. Bei Mobbing liegt ein Teil der Ursache stets in einem unbewältigten Konflikt. Abbildung 2.5 zeigt, wie Konflikte zur Eskalation und zum Ausschluss des Betroffenen führen können.

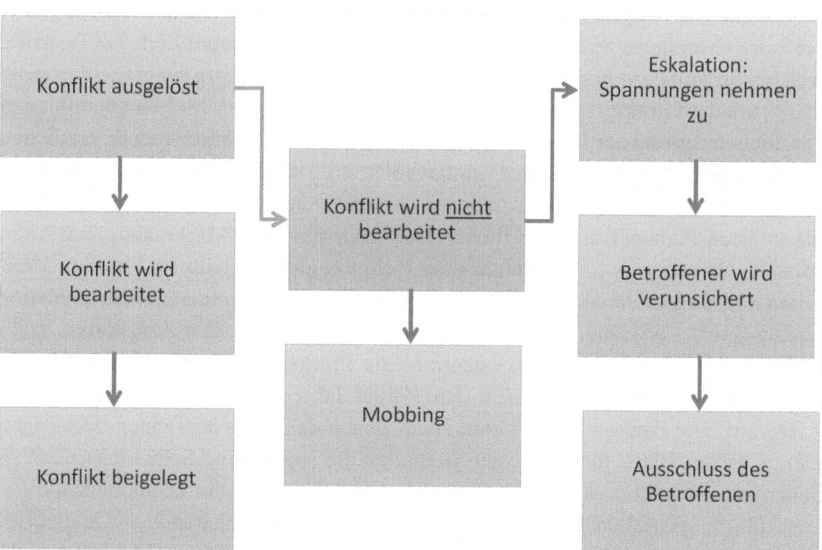

Abb. 2.5 Konflikte und Mobbing. (Quelle: Eigene Darstellung, angelehnt an Esser und Wolmerath (2001))

Weil Menschen in Gruppen leben, ergeben sich Streitereien. Wenn jemand ausgegrenzt wird, schließt es oft Gewalt ein, ohne dass sie aber zum offenkundigen Merkmal wird. In Heimen sind daher Ausgrenzungen, starre Vorschriften und unmoralische Regeln immer noch verbreitete Mobbing-Strategien. Denn einen kontrollierten Menschen braucht niemand zur Befolgung der Anweisungen zwingen. Trotz all dieser Aspekte darf nicht übersehen werden, dass es sich um verdeckte Gewalt handelt. Es ist notwendig solche verdeckten Quellen von Zwang in Heimen objektiv aufzudecken. Entscheidend ist dabei, die Ursachen zu benennen. Zumal wir schwer etwas ändern können, bevor das Problem erkannt und verstanden wurde. Leider gibt es bislang sehr wenige Untersuchungen, die sich mit dem Thema Mobbing in Heimen beschäftigen.

2.3 Strukturelles Mobbing: Die Bedingungen sind Hauptursache

Ungerechtigkeit an irgendeinem Ort bedroht die Gerechtigkeit an jedem anderen.
Martin Luther King

„Niemand darf wegen seiner Behinderung benachteiligt werden", steht im Artikel 3 des Grundgesetzes. Autoritärer Stil, wenig Geld und kaum Zeit sind Begriffe, welche die Situation in unseren Heimen beschreiben. Unbestritten braucht es neue Ideen, um das Grundgesetz zu erfüllen. Denn ein Großteil der Mobbinghandlungen geschieht aufgrund der Umsetzung von Hausordnungen, Stationsregeln, ärztlichen Anordnungen, Vorschriften oder Routineabläufen. Diskriminiert werden neben behinderten Menschen auch noch andere Gruppen. Denn bereits im Vorfeld sortieren die meisten Personalverantwortlichen Bewerbungen nach Merkmalen, wie Alter, sexuelle Orientierung, Nationalität oder Religion aus. Deshalb sind mutige Menschen notwendig. Sobald die organisatorischen Voraussetzungen auf Ausgrenzung hin ausgelegt sind, kann jede Person zum Mobber werden. Der Zeitgenosse grüßt nicht mehr und der Betroffene bekommt die Pralinen, die sonst niemand haben möchte. Dies wurde besonders in den 1980er Jahren deutlich. Denn damals trat AIDS auf. Die Ärzte konnten kaum etwas gegen das Virus ausrichten. Deswegen gab es bereits Pläne mit rigorosen Methoden die sogenannte Schwulenseuche zu bekämpfen. Politiker wie Peter Gauweiler oder Horst Seehofer planten, die Erkrankten in speziellen Heimen zu internieren. In einer solchen Lage braucht es Mut, um einen anderen Weg zu beschreiten. Dieser Weg grenzt die Menschen nicht aus, sondern betreut sie. Monika Fröschl ist diesen Weg gegangen. Die Ärztin eröffnete die ersten AIDS-Beratungsstellen und entwickelte Aufklärungsaktionen (Thurau 1998).

Menschen lassen sich bedarfsgerecht versorgen, sobald die Bedürfnisse klar sind. Wer die Selbstbestimmung respektiert, akzeptiert die Menschen. Sie sind unsere Nachbarn, Mieter, Bürger mit Rechten und Pflichten. Behinderte sind ein natürlicher Bestandteil der Gemeinde.

Weder seelisch-kranke Patienten, noch Menschen mit Lernbehinderung brauchen dauerhaft in Anstalten fremdbestimmt leben. Wesentlich sinnvoller sind neue Konzepte für ambulante Hilfen oder kleine, integrierte Gruppen. Allerdings ist die Wirksamkeit einer spezialisierten ambulanten Versorgung an Voraussetzungen gebunden, wie etwa der Existenz von Diensten.

Info: Was ist strukturelles Mobbing?

Mobbingforscher gehen davon aus, dass strukturelle Einflüsse Mobbing auslösen (Zapf et al. 1996). Diese sollen den eigenen Arbeitsplatz oder die hierarchische Position sichern.

Der Begriff strukturelles Mobbing geht auf Oswald Neuberger (1999) zurück. Nach dem deutschen Psychologen liegt es vor, wenn in einseitiger und diskriminierender Weise und ohne dass dafür sachliche Gründe geltend gemacht werden (können), bestimmte Personen oder Gruppen durch offizielle Verfahren und Systeme daran gehindert werden, Möglichkeiten zu nutzen, die anderen Personen oder Gruppen eingeräumt werden.

Rechtlich betrachtet benötigt Mobbing eine persönliche Täter-Opfer-Beziehung. Trotzdem gibt es Ereignisse, deren übergeordnete Strategien die Mobbinghandlungen verursachen. Strukturelles Mobbing kennzeichnet, dass es auf Basis von ungerechtfertigten Vorschriften und gegen höherwertiges Recht (Grundgesetz) verstoßend, ausgeübt wird. Übergeordnete Institutionen mobben also untergeordnete Gruppen und nicht vorrangig Einzelpersonen.

Strukturelles Mobbing grenzt die Menschen indirekt aus. Wie es wirkt, zeigt der amerikanische Psychologe Martin Seligmann (1979) anhand von Tierexperimenten.

Aufgelesen

Hierfür sperrte der Forscher zunächst Hunde in einen Käfig, die Elektroschocks erhielten, ohne dagegen etwas unternehmen zu können. Zeitgleich bekam auch eine zweite Gruppe Elektroschocks. Diese Hunde konnten aber den Strom durch einen Hebel ausschalten. In einem zweiten Schritt sperrte der Versuchsleiter die Hunde in einem Käfig zusammen. Irgendwann begann er, nur einen Käfigbereich unter Storm zu setzen.

Es zeigte sich, dass Hunde die zuvor den Strom abstellen konnten und die Hunde, die noch keine Schocks bekamen, in den stromlosen Bereich des Käfigs flohen. Die Hunde, die zuvor den Schocks hilflos ausgesetzt waren, blieben einfach sitzen und ließen die Stromstöße über sich ergehen.

Das Experiment belegt, dass Angst dem Gefühl der Hilflosigkeit folgt. Aus dieser Erkenntnis hat Martin Seligmann in den 1960er Jahren das Modell der erlernten Hilflosigkeit entwickelt. Das Modell besagt, dass erlernte Hilflosigkeit zu Untätigkeit führt und zum Eindruck, selbst am Misserfolg Schuld zu haben. Damit beleuchtet er Phänomene in Heimen, wie Hospitalismus oder Burn-out.

Unterdrückung und ein Ungleichgewicht von Macht und Ohnmacht kennzeichnen auch viele Situationen in Heimen. Den Menschen ist es unter solchen Bedingungen unmöglich, auf Augenhöhe miteinander zu sprechen. Hinzu kommt, dass strikte Tagesabläufe und starre Hierarchien die Einrichtungen prägen. In Heimen mobben deshalb Personen immer wieder andere Menschen, anstatt sie zu beteiligen. Unterschwellige Spannungen lösen deshalb schnell Angriffe aus, in die sich Helfer leicht verstricken lassen. Auch wenn es uns oft nicht immer bewusst ist: Die Bedingungen in Heimen sind innerhalb der Organisation ausgrenzend.

Info: Totale Institution

Der kanadische Soziologe Erving Goffman (1973) bemerkte im Rahmen seiner Untersuchungen bei einigen westlichen Einrichtungen einen totalitären Charakter. Sie sind gekennzeichnet durch eine Beschränkung des sozialen Verkehrs mit der Außenwelt sowie der Freizügigkeit.

Der Soziologe beschreibt erstmals totale Institutionen und löst damit die bis heute anhaltende Zielbestimmung „ambulant vor stationär" aus. Denn Heimbewohner in Psychiatrien, Altenheimen, Haftanstalten oder Kinderheimen wären zu Hause meistens besser versorgt.

„Eine totale Institution ist eine Wohn- und Arbeitsstätte mit einer Vielzahl ähnlich gestellter Individuen, die für längere Zeit von der übrigen Gesellschaft abgeschnitten sind und miteinander ein abgeschlossenes, formal reglementiertes Leben führen", schreibt Goffman (1973, S. 11) in seinem Buch. Verschlossene Türen, mächtige Mauern oder eine dezentrale Lage kennzeichnen solche Einrichtungen. Totale Institutionen funktionieren bürokratisch. Merkmale solcher Einrichtungen sind:
- Autoritäres System
- Strikt geregelter Tagesablauf
- Viele Schicksalsgenossen
- Institution kann/darf nicht verlassen werden

Menschen, die dort leben, sind einem hohen seelischen Leidensdruck ausgesetzt. Charakteristisch für die totale Institution ist aber auch das hohe Maß an Informationskontrolle. Das Personal teilt dem Bewohner Informationen und Entscheidungen nicht mit. Auch wenn sie seine Person direkt betreffen.

Bei der Aufnahme ermittelt die Institution sensible Daten über den sozialen Status und die Geschichte des Bewohners. Der Neuankömmling muss bei solchen Befragungen Fakten und Gefühle, dem ihm zumeist unbekannten Zuhörern offenbaren. Der Eintritt in die Einrichtung führt meistens zum bürgerlichen Tod des Klienten. Er verliert nicht selten sein Recht, über Geld zu verfügen und sein Recht auf Teilhabe. Manche Befugnisse büßt er dauerhaft ein.

2.3.1   Ursachen in der Ökonomie

Hüftgelenke für Junge. AIDS-Medikamente ausschließlich für Reiche. Haben alle Menschen die gleichen Chancen, notwendige Hilfen zu erhalten? Diese Frage stellte sich in Südafrika.

Aufgelesen

Pretoria, im Jahr 2001 verklagen mehrere Pharmakonzerne den Staat Südafrika. Denn der Staat vertreibt billige AIDS-Nachahmerpräparate. Der Gründer, der Treatment Action Campaign Zackie Achmat kämpft, dafür, dass auch die ärmsten Südafrikaner an AIDS-Medikamente herankommen. Zumal sich die AIDS-Epidemie im südlichen Afrika am schlimmsten verbreitet hat. Dort leben rund 26 Mio. Menschen mit einer HIV-Infektion. Ein Großteil dieser Menschen leidet und stirbt, weil sie die Medikamente nicht bezahlen können. Billigere Nachahmer Medikamente sind ihre einzige Überlebenschance. Aber die führenden Pharmaunternehmen sind dagegen. Sie haben sich zusammengeschlossen und möchten ihre Patente schützen. Sie wollen verhindern, dass Staaten ihre Präparate reproduzieren. Deshalb verklagen 39 Pharmakonzerne den südafrikanischen Staat, der billigere Nachahmer Medikamente ausgibt (Korzilius 2001).

Die Firmen wollen vor Gericht verhindern, dass arme Länder den Eigentumsschutz schwächen. Aber Menschen haben ein Recht auf lebenswichtige Medikamente. Aus Sicht der Bürger handeln diese Unternehmen unethisch. Die mächtige Industrie zieht aufgrund weltweiter Proteste ihre Klage zurück. Nach dem Scheitern der mächtigen Pharmakonzerne sagt Zackie Achmat: „Eine weltweite gemeinsame Anstrengung besorgter Bürger kann etwas verändern (Deutsches Institut für Menschenrechte 2005)."

Der Fall zeigt einen Verteilungskonflikt. Es bestehen Spannungen zwischen den Grundsätzen Wirtschaftlichkeit und Menschlichkeit. Gerechtigkeit meint, die Rechte und Bedürfnisse der Betroffenen zu achten. Das ist ein Grundsatz des menschlichen Zusammenlebens. Geld hilft zwar dabei, Ungleichheit zu kompensieren, doch Armut bedeutet nicht nur existenzielle Not, sondern vor allem eine Ausgrenzungserfahrung. Sie ist ein besonders ergiebiger Nährboden der Gewalt (Bauer 2011).

Arme Menschen wie Erwerbs- oder Wohnungslose, haben eine geringere Lebenserwartung und werden häufiger und länger krank. Der Bedarf an Gesundheitsangeboten ist nicht gedeckt. Diese Menschen sind sozial benachteiligt, weil der Zugang zum Gesundheitssystem für besser situierte Schichten einfacher ist. Gruppen, wie Psychiatriepatienten, Migranten, Wohnungslose, Strafgefangene oder

Drogensüchtige stehen deshalb am Rand der Gesellschaft. Gerecht sein bedeutet, ungleich sein vermindern. Die Ungleichheit in unserer Gesellschaft ist problematisch. Denn sie untergräbt den Gemeinsinn. Einer bekommt die ausgeschriebene Stelle, beworben haben sich 500. Die gespendete Niere brauchen viele, sie bekommt einer. Um jemanden einen Vorteil zu verschaffen, haben Entscheider womöglich die Dokumentation manipuliert.

2.3.2 Ursachen in der Bürokratie

Wo Amtssprache geschätzt wird, ist Mobbing oft nicht weit. Denn bürokratische Vorschriften sind schnell gegen Menschen gerichtet. Deswegen hält der Psychologe Marshall Rosenberg Amtssprache für sehr gefährlich. Menschen, die sich für eine bürokratische Sprache entscheiden, übernehmen keine Verantwortung. Wie Bürokraten mobben, zeigt der Fall Wilhelm Reich. Der Sozialmediziner wurde zeitlebens ausgegrenzt (Falland und Nitzschke 2002). Seine Bücher wurden nicht nur von den Nazis in Deutschland verbrannt. Auf richterliche Anordnung hin, verbrannten auch amerikanische Behörden in den 1950er Jahren seine Bücher. Wegen seiner ganzheitlichen Ansichten kam er dort sogar ins Gefängnis, wo er starb. Heute hat er viele Anhänger und gilt als Wegbereiter der Körpertherapie.

Untersuchungen von Nazi-Verbrechen zeigen, dass die Täter ganz normale Leute waren. Sie waren liebevolle Familienväter, vorbildliche Berufskollegen und Staatsbürger. 1963 wurde Adolf Eichmann vor Gericht gefragt, warum er all die Menschen wissentlich in den Tod geschickt hatte. Damals antwortete er: „Es war einfach. Wir nannten es Amtssprache (Burki 2004)."

Kennen Sie diese Sätze, die anfangen mit: „Ich musste so handeln", „Befehl von oben!", „Der Chef hat gesagt", „Das ist unsere Firmenpolitik". Mit dieser Haltung schickt der Bürokrat, wenn es von oben befohlen ist, auch Zehntausende unschuldige Menschen in den Tod. Das beobachtete die Philosophin Hannah Arendt im Eichmann-Prozess. Das Böse tritt banal auf. Der Schreibtischtäter Eichmann habe mit viel Eifer und Einfallsreichtum die Vernichtung der europäischen Juden vorangetrieben. Durch die Ideologie der Sachlichkeit getragen, habe er laut der Philosophin immer das vermeintliche Gesetz des Führers verfolgt. Im Prozess beruft sich der Kriegsverbrecher darauf, bloß Befehle befolgt zu haben.

Amtssprache stärkt die Mobber und verschleiert Mobbinghandlungen. Sie führt zu fehlender Flexibilität und Starrheit. Der Bürokratismus führt zum Dienst nach Vorschrift.

In Ämtern und Behörden vererben Beamte ihre ausgrenzende Haltung von Generation zu Generation. In unserem Gesellschaftsmodell ist Amtssprache allgegenwärtig. Diese ablehnende Haltung wurzelt in unserer Geschichte, was die Studentenbewegung 1967 mit dem Spruch ausdrückt: „Unter den Talaren steckt Muff von 1.000 Jahren."[3]

Info: Wenn Mobbing vorgeschrieben ist

Für den deutschen Mediziner Argeo Bämayr (2011) ist Mobbing eine alltägliche Strategie, die sich schwer beweisen lässt. Doch im Fall des Stasi-Ministers Erich Mielke gelingt es ihm nachträglich. Eine Richtlinie des Ministeriums für Staatssicherheit der DDR beschreibt systematische Mobbinghandlungen durch die Behörde (Ministerium für Staatssicherheit 1976). Bewährte Formen zur sogenannten Zersetzung sind nach der Richtlinie:

*   systematische Diskreditierung des öffentlichen Rufes, des Ansehens und des Prestiges auf der Grundlage miteinander verbundener wahrer, überprüfbarer und diskreditierender sowie unwahrer, glaubhafter, nicht widerlegbarer und damit ebenfalls diskreditierender Angaben;
*   systematische Organisierung beruflicher und gesellschaftlicher Misserfolge zur Untergrabung des Selbstvertrauens einzelner Personen;
*   zielstrebige Untergrabung von Überzeugungen im Zusammenhang mit bestimmten Idealen, Vorbildern usw. und die Erzeugung von Zweifeln an der persönlichen Perspektive;
*   Erzeugen von Misstrauen und gegenseitigen Verdächtigungen innerhalb von Gruppen, Gruppierungen und Organisationen;
*   Erzeugen bzw. Ausnutzen und Verstärken von Rivalitäten innerhalb von Gruppen, Gruppierungen und Organisationen durch zielgerichtete Ausnutzung persönlicher Schwächen einzelner Mitglieder;
*   Beschäftigung von Gruppen, Gruppierungen und Organisationen mit ihren internen Problemen mit dem Ziel der Einschränkung ihrer feindlich-negativen Handlungen;
*   örtliches und zeitliches Unterbinden bzw. Einschränken der gegenseitigen Beziehungen der Mitglieder einer Gruppe, Gruppierung oder Organisation auf der Grundlage geltender gesetzlicher Bestimmungen, z. B. durch Arbeitsplatzbindungen, Zuweisung örtlich entfernt liegender Arbeitsplätze usw.

Bürokratisches Mobbing war und ist aber nicht auf die DDR begrenzt. Denn auch in der Bundesrepublik gab es den sogenannten Radikalenerlass von 1972, durch diesen wurden Menschen in Form von Berufsverboten gesellschaftlich ausgeschlossen. Selbst in Ländern, die die Menschenwürde hochhalten, gibt es Überwachungsmaßnahmen. Dort lernt der Bürger, dass es gefährlich ist, sobald er sich aufrichtig einbringt. Auch dort gibt es Leute, die machen unmissverständlich deut-

---

[3] „Unter den Talaren steckt Muff von 1.000 Jahren", stand auf einem Transparent, das in der Universität Hamburg von Studenten bei einer statt in Veranstaltung enthüllt wurde. Ein Pressefoto ging um die Welt und der Slogan hat bis heute als Kernparole der damaligen Studentenbewegung gehalten. Darüber hinaus spielt der Text auf das 1000-jährige Reich an. Die Studenten demonstrierten gegen die ausgebliebene Aufarbeitung der Verbrechen des NS-Regimes und gegen die Strukturen und Traditionen an Universitäten. Diese Aspekte sind im Begriff Talare ausgedrückt. Die Ziele waren mehr Demokratie und Mitbestimmung.

lich, dass Sie keine kritischen Fragen dulden. Mobbing im Heim erfolgt oft bürokratisch. Behörden mobben durch Vorschriften oder Richtlinien. Unter solchen Bedingungen leiden neben dem Personal sicherlich auch die Patienten in besonders
hohem Maße.

2.3.3 Ursachen in der Geschichte

Die ausgrenzende Atmosphäre in Heimen liegt besonders in unserer Geschichte
begründet. Denn unsere Vorfahren haben sich über Jahrtausende untergeordnet,
um zu überleben. In einer Tyrannei lernt der Schüler, dass es gefährlich ist, sobald
er sich authentisch einbringt. Deshalb ist es uns auch heutzutage kaum möglich,
ohne Konsequenz unsere wirkliche Meinung frei zu äußern. Aufrichtige Mitarbeiter sind schnell ihren Job los, falls Sie ihrem Chef widersprechen. Dennoch hat
sich in den letzten Jahrzehnten ein Wandel ereignet, der sich in den Einrichtungen
wiederspiegelt. Während in der Nachkriegszeit die Verwahrung angestrebt wurde,
begann die Einrichtungen danach die Menschen zu fördern (Tab. 2.1). Aktuell wird
die Verbesserung der Teilhabe angestrebt. Dies ist anerkennenswert, auch wenn die
Zustände in unseren Heimen oft noch katastrophal sind. Die Helfer und Patienten
sind aufgrund der Bedingungen in Heimen großen Gefahren ausgesetzt. Besonders
wenn sie der Totalen Institution Heim bewusst die Spitze brechen wollen, haben
sie viele Bewährungsproben zu bestehen. Es erfordert neben den klinischen Fähigkeiten, vor allem Einfühlungsvermögen, Toleranz, Distanz und Mut (Offermann
1993).

Info: Geschichtlicher Hintergrund
Fürsorge ist der älteste Grundsatz in der Sozialpolitik. Im Mittelalter entstanden erste Hospi-
täler, um Armen und Kranken zu helfen. Dieser Grundsatz ist in der Sozialhilfe noch aktuell.
Nach dem aktuellen Heimatprinzip verpflichtet sich die Gemeinde, für ihre Hilfsbedürftigen zu sorgen. Im Mittelalter waren diese Aufbauversuche der gemeindebasierten Fürsorge
überwiegend kirchlich organisiert. Klöster und Hospitäler waren für die Armen da. Diese
Hospitäler versorgten auch Waisenkinder, Invalide oder Leprakranke. In der vor etwa 300
Jahren gegründeten Charité in Berlin wurden vor allem Pestkranke versorgt. Heute gehört
sie zu den größten Kliniken Europas.
    1848 fand die bürgerliche Revolution in Deutschland statt. Auslöser dafür war der Erfolg
der Februarrevolution in Frankreich. Mediziner waren damals stark am revolutionären Geschehen beteiligt (Orth 1999). Von dort aus sprang der revolutionäre Funke schnell auf die
angrenzenden deutschen Staaten über. Streitteil der vormaligen Protestbewegung war das
Recht auf eine verbesserte Gesundheitsversorgung.
    1883 entstand die gesetzliche Krankenversicherung. Denn das preußische Königreich
enthielt sich bislang größtenteils der Einflussnahme in die Lebensweise der Untertanen. Es
gab weder eine Impfpflicht gegen Pocken, noch eine organisierte Gesundheitsversorgung.

Tab. 2.1 Geschichte der Gesundheitsversorgung

Leitbild/Epoche	Zeit	Menschenbild	Lehrinhalte	Leitgedanken	Einrichtungen
Schulmedizinische Vertrauenskrise Weimarer Republik	1918–1933	Ganzheit von Seele, Geist und Körper	Hygieneaufklärung Sanfte Methoden: Bäder und Wickel	Reformbewegung, Naturheilbewegung	Wohlfahrtseinrichtungen, Kindergärten verbreiten sich.
Selektion und Ausgrenzung/ Nationalsozialismus	1933–1945	Nationalsozialistische Rassenbiologie Vernichtung sogenannten „lebensunwerten Lebens"	Rassenhygiene Menschenversuche Zwangssterilisation Naturheilkundliche Prävention	Erfassung, Selektion, Deportation und Tötung Euthanasie	Heil- und Pflegeanstalten Auflösung jüdischer Altenheime Zwischenanstalten Tötungsanstalten
Verwahrung / Nachkriegszeit	1945–1970	Entmenschlichung Behinderung bedeutet Krankheit Biologische Orientierung	Dominanz der Medizin Psychopharmaka	Satt und Sauber, Schutz und Sicherheit, Bewahren	Anstalten und psychiatrische Kliniken
Förderung Psychiatrie-Enquete Untersuchung	Ab 1970	Defizitorientierte Förderung; Mensch ist die Summe von motorischen, geistigen, sozialen (und emotionalen) Fähigkeiten	Pädagogik und therapeutische Richtungen, wie, Ergotherapie	Förderung, Therapie	Sondereinrichtungen

▶ **Wichtig** Bei der Fürsorge ist es wie bei der Liebe. Um für unsere Heimbewohner da sein zu können, bedarf es der Selbstsorge.

2.3.4   Ursachen in der Politik

Am tückischsten funktioniert möglicherweise politisches Mobbing. Es basiert auf
tief verwurzelter Intoleranz in unserer Gesellschaft. Häufig begegnet uns die Mobbingpolitik heute im Umgang mit hilfsbedürftigen Menschen. Die Gesellschaft für
deutsche Sprache macht durch das Unwort des Jahres darauf aufmerksam.

Beleidigende Unwörter wie Altenplage oder Selektionsrest für schwerstbehin-
derte Kinder, die nicht in die Normschule gehen können, grenzen aus und beeinflussen die Bevölkerung. Wer von Gutmenschen oder Wutbürgern spricht, möchte
in zynischer Weise Andersdenkende pauschal und ohne Betrachtung ihrer Darle-
gungen herabsetzen und abwerten.

Aber auch Minderheiten, wie Flüchtlinge sind oft betroffen. Wer Wörter wie
Integrationsverweigerer oder Parolen: „Wer betrügt, der fliegt."[4] in Umlauf bringt,
unterstellt, dass Migranten in größerem Umfang selbst ihre Integration ablehnen.
Solcher Behauptung fehlt die Datenbasis. Dass der Staat kaum etwas für die Inte-
gration macht, wird ausgeblendet. Nichts ist alternativlos, wie von der Kanzlerin
Merkel suggeriert wird.

Die Mobbingpolitik schafft den Rahmen für Mobbing. Diese politische Recht-
fertigung geschieht neben der Sprache auch über die Religion, Ideologie, Kunst
oder die Wissenschaft (Tab. 2.2).

2.4   Folgen des Mobbings

Wir betrachten unsere Art zu sprechen vielleicht nicht als gewalttätig, dennoch führen
unsere Worte oft zu Verletzung und Leid, bei uns selbst oder bei anderen. Marshall
Rosenberg

Die gesundheitlichen Folgen sind gleich, egal ob es durch Mobbing direkt oder
indirekt geschieht (Abb. 2.6). Mobbing ist unangenehm. Es löst Angst aus, manchmal Ärger und Wut, später häufig Enttäuschung, Depressionen und Verzweiflung.

---

[4] Die CSU startete 2014 eine Kampagne gegen vermeintliche Armutszuwanderer aus EU-
Staaten. Die Partei fordert ihnen der Zugang zum Sozialsystem zu erschweren. Forscher widersprechen der Argumentation und decken auf, dass sie nicht auf Grundlagen von plausib-
len Daten basiert.

Tab. 2.2 Mobbingpolitik versus Bedürfnispolitik

Mobbingpolitik	Bedürfnispolitik
Ausgrenzung und Mobbing	Integration und Inklusion
Autoritärer Stil	Demokratischer Stil
Mensch dient der Organisation	Die Organisation dient dem Menschen
Lernen ist Zeichen von Schwäche	Lernen ist ein Bedürfnis und eine Pflicht
Kultur basiert auf Angst	Kultur basiert auf Vertrauen
Beziehungen dienen dazu, andere zu beherrschen	Beziehungen dienen dazu, mit andere Verbundenheit herzustellen
Leben ist wenig wert	Leben ist heilig und wird verehrt
Ziel: reibungslose Verwertbarkeit	Ziel: Selbstbestimmung
Helfer tritt dominant auf	Betroffene kommunizieren auf Augenhöhe
Menschliche Entfremdung	Sinnerfüllte Lebensverwirklichung
Biologisches Modell	Sozialwissenschaftliches Modell
Defizitorientiert	Fähigkeiten- und Bedürfnisorientiert
Disziplinierende Behandlung	Lebensweltorientierte Behindertenarbeit
Bedürfnis nach Fürsorge wird gering geschätzt	Bedürfnis nach Fürsorge wird hoch geschätzt

Mobbing führt zu tiefgreifenden sozialen Veränderungen. Die aber wenig Beachtung finden. Denn Erkrankungen wie Depressionen sind in Deutschland immer noch unterversorgt (Lauterbach 2009).

Darüber hinaus ist Mobbing oft ursächlich für seelische und psychosomatische Erkrankungen. Die Intensität dieser Symptome ist stärker, als bei anderen Stress-

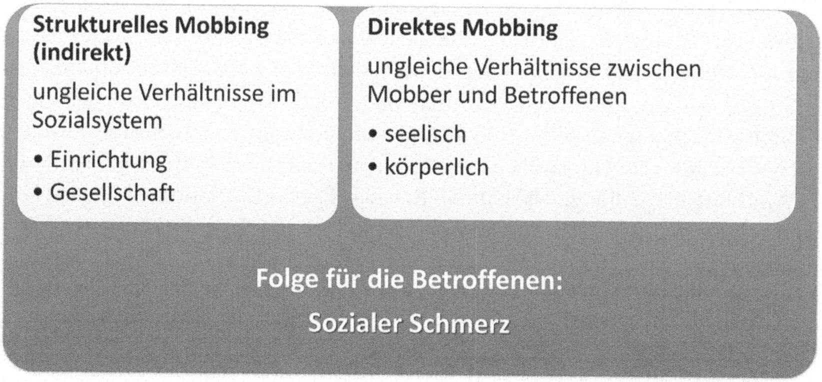

Abb. 2.6 Folge des direkten und indirekten Mobbings. (Quelle: Eigene Darstellung)

Tab. 2.3 Mögliche Symptome

Psychosomatische Beschwerden	Seelische Beschwerden
Schmerz (Rückenschmerzen, Nacken-schmerzen, Muskelschmerzen)	Depression (Niedergeschlagenheit, Antriebslosigkeit, Selbstmordgedanken)
Herz-Kreislauf Erkrankungen (Bluthoch-druck, Herzinfarkt, Schlaganfall)	Angststörung (Anspannung, Besorgnis und Befürchtungen)
Orthopädische Erkrankungen (Bandschei-benvorfall, Bewegungsbeschwerden)	Posttraumatische Belastungsstörung (Kon-zentrationsschwierigkeiten, Reizbarkeit und Wutausbrüche, Schreckhaftigkeit)
Infektionserkrankungen (Grippe, Herpes)	Persönlichkeitsstörung (Schuldgefühle, Aggression)
Magen- Darmbeschwerden (Bauchschmer-zen, Magenschleimhautentzündung)	Sucht (starkes, oft unüberwindbares Verlangen)
Neurologische Erkrankungen (Kopfschmer-zen, Bewusstseinstrübung)	Schlafstörungen (Müdigkeit, Schweißaus-bruch, Albträume)

situationen (Jacobshagen 2004). Wer unsicher ist, ob er von Mobbing betroffen ist, sollte auf den eigenen Körper achten. Bestimmte Symptome weisen auf Mobbing hin (Teuschel 2010) (Tab.2.3).

▶ **Bitte beachten Sie** Fragen Sie Ihren Körper, wenn Sie unsicher sind, ob Sie jemand mobbt. Der Körper kommuniziert immer.

2.4.1 Für den Betroffenen

Nicht jede Aggression richtet sich gegen andere, häufig richtet sie sich gegen uns selbst. Selbstzweifel können zu Depressionen führen und leider sogar in den Selbstmord. Besonders oft ist das Personal von Krisen betroffen. Solche lassen sich nicht immer meistern. Zeitungen berichten wenig über unsere alltäglichen Krisen. Aber wenn Prominente betroffen sind, gibt es Ausnahmen. Vorausgesetzt die Betroffenen sind so offen wie die ehemalige Gesundheitsministerin. Andrea Fischer (Bündnis 90/Die Grünen) wurde im Jahre 2001 von ihrer eigenen Partei zur Amtsaufgabe gedrängt. Nach ihrem Rauswurf geriet die Politikerin in eine hef-tige Lebenskrise. „Ich habe eine schwere Depression gekriegt, die ich auch nur mit Medikamenten und Therapie im Laufe eines Jahres bekämpfen konnte", sagt die ehemalige Ministerin im Fernsehen. Unter diesen traumatischen Erlebnissen litt sie einige Jahre (Lamby 2012).

Typische Symptome einer Depression sind tiefe Traurigkeit, Interessenverlust und Antriebslosigkeit. Hinzu kommt, dass Menschen gerne den Macher spielen. Symptome verdrängen sie, indem sie bis zum Umfallen arbeiten. Kollegen und

Chefs verstecken ihr Seelenleben gerne hinter einer Fassade. Um dauernden seelischen Schaden zu vermeiden, brauchen die Helfer selbst Hilfe, sich der schwierigen Situation zu stellen.

Besonders zu beachten dabei ist, dass wir Aggressionen oft in ein inneres Aggressionsgedächtnis verschieben. Anstatt seelische Verletzungen, Demütigungen und Ausgrenzung konstruktiv zu bearbeiten, richten Mobbingbetroffene ihre Aggressionen gegen sich selbst. Dies ist ein Nährboden für die wachsende Depression.

▶ **Bitte beachten Sie:** Setzen Sie Grenzen! Finden Sie heraus, welche Beschäftigungen Ihnen helfen, sich gegen Mobbing immun zu machen.

Selbstmord: Der vermeintlich letzte Ausweg... Ein Schicksalsschlag kommt selten allein. Wer den Arbeitsplatz verliert, fürchtet sich oft davor weitere Stützen, wie den Partner, zu verlieren. Betroffene fühlen sich nicht mehr gebraucht und haben eventuell, Verluste im sozialen Umfeld zu verkraften. Folgenden Fall kann der Autor aus seiner Erfahrung als Qualitätsmanager berichten.

Praxisbeispiel

Früher war Alfred ein angesehener Teamleiter. Er hat seine Arbeit gerne getan. Bis die Chefin Margot anfing, ihn für sämtliche Fehler verantwortlich zu machen. Es verschwindet sein Urlaubsantrag. Auf Fortbildungen darf er nicht mit. Gründe werden keine genannt. Der Druck hat sich durch Kontrollmaßnahmen stetig vergrößert. Die pingelige Chefin achtet auf Qualität. Sie fordert eine lückenlose Dokumentation. Obwohl sie anfangs voller Lob war, überwiegt nach einem Monat jetzt der Unmut der Chefin. Frühere Erfolge sind vergessen. Im letzten Bericht fehlen Einträge. Daran ist natürlich Alfred schuld. Ihm ist nach einiger Zeit klar geworden, dass sie ihn kleinkriegen will. Früher war er ein aktiver und selbstsicherer Mann. Diese Sicherheit hat er verloren. Er fühlt sich unwohl, hat Angst und kann sich keinen Reim darauf machen, warum Margot so gemein zu ihm ist. Alfred glaubt, dass es keinen Ausweg mehr gibt. Sobald er Kritik hört, fällt er in ein Loch voller Selbstzweifel. Er sieht keine Wahlmöglichkeiten.

Nach einiger Zeit wehrt sich Alfred nicht mehr. Er hat an nichts mehr Interesse und fühlt sich traurig. Ihm fehlt der Antrieb. Sich zu konzentrieren fällt ihm schwer. Von Menschen hält er sich immer mehr fern. Sein Selbstwertgefühl ist im Keller. Er schläft nur noch wenige Stunden. Sein Appetit ist schlecht und er magert ab. Auf seine Hobbies hat er gar keine Lust mehr. Seine Gedanken kreisen und für die Zukunft sieht er schwarz.

▶ **Wichtig** Helfende neigen dazu, ihre Grenzen zu missachten und über-
fordern sich.

Psychiater Christian Reimer (2005) untersuchte die Neigung zum Selbstmord
unter Medizinern und kam zu Ergebnissen, die nachdenklich machen. Mit internationalen Zahlen hat er durch seine Übersichtsarbeit belegt, dass Ärzte ein hohes
Selbstmordrisiko haben. Laut der Untersuchung des Psychiaters, können sich zwei
Drittel der deutschen Ärzte vorstellen, sich in Zukunft umzubringen. Die Hälfte
hat schon mal beabsichtigt, sich das Leben zu nehmen. Verglichen mit der All-
gemeinbevölkerung, begehen Ärzte insgesamt bis zu 3,4 Mal öfter Selbstmord.
Medizinerinnen sogar bis zu 5,7 Mal häufiger.

Mobbing kann tödlich enden. Denn zu viele seelische Verletzungen treiben
Menschen in den Selbstmord. Trotzdem wird Mobbing oft nicht als Gewalt wahrgenommen. Sofern sich keine besonderen Tatbestände, wie Körperverletzung, üble
Nachrede oder Beleidigung finden, ist Mobbing strafrechtlich zulässig. Mobbing
kann zwar zivil- und arbeitsrechtlich verfolgt werden, aber die erfolgreiche Umsetzung ist schwierig und bislang kaum geglückt.

2.4.2 Für den Bewohner

Trotz Kontrollen sind Heime gefährliche Orte. Es beginnt mit dem Verlust der
Privatsphäre. Am Tag der Einweisung verlieren Bewohner ihre gewohnten Lebens-
bezüge. Auf einen Schlag sind die neuen Bewohner hilflos einer mächtigen Institution ausgeliefert. Von Privatleben kann nicht mehr die Rede sein, da sie plötzlich
auf engem Raum mit unbekannten Menschen zusammenleben.

Sei es das Schlafen, Waschen, Essen, Sprechen, Weggehen oder der Toiletten-
gang. In Heimen werden die privatesten Lebensvollzüge der Herrschaft von Dienst-
plänen und Stationsabläufen untergeordnet. Körperhygiene und Notdurft sind öffentlich und unterliegen der Überwachung. Manchmal fehlt sogar der Schutz vor
Übergriffen. Solche Heimbetreiber glauben, dass sie für Ordnung sorgen, aber ihre
Gewaltherrschaft kommt immer mehr ans Licht. Der Sohn einer alten Dame macht
dies 2012 in einem Bremer Altenheim mit versteckter Kamera deutlich.

Aufgelesen

Eine hilflose, an Demenz leidende Frau, 85, sitzt auf dem Bett. Die Altenpfle-
gerin steht ihr gegenüber und schimpft: „Nimm doch mal die Flossen weg hier."
Danach zieht sie die alte Dame an den Haaren nach vorn und schnauzt sie an:
„Sitzen bleiben! Menschenskinder, ey! Jedes Mal dasselbe!" Die Insassin ent-

gegnet ihr: „Jedes Mal hauen Sie mich." Die Helferin sagt darauf: „Erzählen Sie noch ein paar Märchen. Jetzt reicht es aber! (Stengel 2013)."

Die Angestellte handelt aufgrund ihrer Machtposition. In Mobbingkulturen spielen Hierarchien und Machtpositionen zusammen. So mag die Arbeit zwar höherer Erträge bringen, doch dafür wird ein unterschätzter Preis bezahlt. Denn die Autoritäten verheizen dabei Untergebene und Bewohner. Trotzdem hält so manche Einrichtung ihr autoritäres System für unantastbar.

Fixierung: Mobbing extrem! Heimbetreiber sprechen von Einzelfällen. Untersuchungen belegen, dass es regelmäßig vorkommt und sogar oft tödlich verläuft. Die Rede ist von besonders folgenschweren Mobbing durch unerlaubten Freiheitsentzug anhand von Fixierungen und Medikamenten. Während in Ländern wie Großbritannien Fixierungen unethisch sind, gehören diese in Deutschland zum Standard. Der folgende Tagesablauf ist meiner Erfahrung nach für Stationen typisch.

Praxisbeispiel

Befehlen, fordern und drohen gehört im Heim auf der Station Rosenstich schon immer dazu. Doch das ist nicht das Schlimmste.

19.00 Uhr: Zu den Aufgaben von Schwester Marie gehört es, den geistig beeinträchtigten Willy zu seinem Bett im Schlafsaal zu begleiten. Dort stehen weitere fünf Betten. Allen Angestellten ist aufgetragen, dem Patienten einen Gurt aus Leder anzulegen.

22.00 Uhr: Der Nachtdienst besucht den schmächtigen Willy, um ihn zur Toilette zu führen. Danach verbringt der Patient die Nacht fixiert in seinem Bett.

7.00 Uhr: Willy hat ins Bett gemacht und lag stundenlang im Nassen. Kurz anziehen, dann darf er frühstücken. Danach steht er im Gemeinschaftsraum herum.

Von 12.30 bis 14.00 Uhr bindet ihn Schwester Marie wieder ans Bett. Dies geschieht jeden Tag.

Wo Pflegende oder Betreuende arbeiten, ist das Leben nicht immer einfach. Patienten sind dort meistens in ihrer Freiheit eingeschränkt. Sei es durch Vorrichtungen an Stuhl oder Bett, Aufstellen von Bettgittern, Anlegen von Gurten oder Schutzdecken, Einsperren, Schlafmittel oder Psychopharmaka.

Die Helfer greifen in das Leben des Patienten ein oder bestimmen sogar darüber. Dies passiert nicht immer, um andere zu schützen. Freiheitseinschränkungen sollen dabei helfen, Unruhe zu bewältigen oder aggressives Verhalten gegen sich zu unterbinden. Ein Großteil der Fixierungen in Heimen lässt sich aber vermeiden.

Die Pflegewissenschaftlerin Gabriele Meyer sagt dem Nachrichtenmagazin Spiegel: „Viele wissen nicht, dass eine richterliche Genehmigung keine Verpflichtung zur Fixierung ist (Römer 2012)." Es sei daran erinnert, dass es sich bei Angriffen auf die seelische oder körperliche Gesundheit in der Regel um Machtmissbrauch handelt.

Dass Missbrauch oft auch tödlich endet, belegt Andrea Berzlanovich (2012). Die Professorin analysierte Akten zu Todesfällen bei Menschen, die mit Gurten ans Bett gefesselt waren. Sie zeigte, dass in 22 Fällen der unsachgemäße Umgang mit der sogenannten Fixierung zum grausamen Tod der Menschen geführt hatte.

Wie maßlos das Personal mit Fixierungen in psychiatrischen Einrichtungen umgeht, macht ein Fall aus Taufkirchen deutlich.

Aufgelesen

Weil er gedroht hatte, Ärzte umzubringen, fesselte das Personal einen Patienten 60 Tage lang an sein Bett. Er war im Isar-Amper-Klinikum in Taufkirchen an Armen, Beinen und Rumpf fixiert (Kannig 2014).

▸ **Bitte beachten Sie** Suchen Sie andere Wege. In Großbritannien sind Fixierungen gesetzlich verboten. Stattdessen hält dort geschultes Personal die Klienten fest.
Schaffen Sie eine angenehm-wertschätzende Atmosphäre. Setzen Sie auf entspannende Gruppenangebote. Lassen Sie die Patienten ihren Bewegungsdrang durch gezielte Maßnahmen ausleben.
Bieten Sie vertraute Beschäftigungen, wie hauswirtschaftliche Tätigkeiten, Gartenarbeiten oder technische Reparaturen an.

▸ **Wichtig** Sogenannte Fixierungen von Bewohnern setzen eine richterliche Genehmigung voraus. Es reicht nicht aus, dass der Betreuer zustimmt.

Info: Freiheitsentzug

Patienten wird die Freiheit entzogen, um sie an der Fortbewegung zu hindern, das Verlassen der Betreuungseinrichtung zu erschweren, die Pflege zu erleichtern oder Ruhe in der Einrichtung herzustellen. Laut MDK-Bericht finden rund 14.000 Fixierungen in Pflegeheimen ohne richterliche Genehmigung statt (Medizinischer Dienst des Spitzenverbandes 2012).

Medikamentöse Ruhigstellung Jemanden mit Medikamenten ruhig zu stellen, erfüllt den gleichen Zweck, wie jemanden zu fesseln! Deshalb spricht der Gesundheitsökonom Gerd Glaeske von chemischer Gewalt (Erdogan 2009).

In Deutschland leben 1,1 Mio. Demenzerkrankte. Knapp 360.000 werden mit Medikamenten (Neuroleptika) ruhiggestellt. Gerd Glaeske berechnet, dass knapp 240.000 Demenzkranke zu Unrecht Psychopharmaka einnehmen (Deutsche Presseagentur 2012). Wenig Personal, aber viele Pillen. So lässt sich der Zustand in vielen Heimen beschreiben. Aus Zeitmangel setzen einige Ärzte Chemiekeulen sogar bei Kindern ein. Solch eine Fehlversorgung ist Gewalt. Oder werden wir damit dem sozialen Bedarf gerecht?

Manchen Einrichtungen geht es nicht darum, dass sie Leiden lindern oder Krankheiten heilen. Vielmehr wollen sie Personal sparen und Gewinne steigern. Klienten sind in solchen Einrichtungen nicht in Entscheidungen einbezogen, auch nicht wenn sie davon betroffen sind. Einflussmöglichkeiten oder Mitbestimmungsrechte gibt es dort kaum. Wir haben in unseren Einrichtungen häufig eine ausgrenzende Kultur. Hilfreich wären vor allem Angebote von vertrauten Tätigkeiten. Bügeln, Gartenarbeiten, Reparaturen halten fit. Wer sich beschäftigt, braucht weniger Medikamente. Doch kompetentes Handeln in schwierigen Situationen setzt nicht nur die Bereitschaft jedes einzelnen voraus, sondern auch seine Fähigkeit.

▶   **Wichtig** Respekt gegenüber sich selbst und gegenüber dem Auslöser sind wirksame Antworten auf Mobbing.

2.4.3 Für das Personal und Mitbewohner

Gewalt entsteht in Heimen meist aus Überforderung. Attacken richten sich neben den Mitbewohnern oft auch gegen das Personal. Konflikte eskalieren. Folgenden Fall hat der Autor in einer Langzeiteinrichtung erfahren.

Praxisbeispiel

Die Atmosphäre ist angespannt. Immer wieder kommt es zu Auseinandersetzungen in der Gruppe. Einige Bewohner wirken überfordert. Ein kleiner Tropfen reicht, um das Fass zum Überlaufen zu bringen. Dann kommt Margot herein und fordert Willy auf, ein Kaugummipapier aufzuheben. Er hat ein Problem damit, weil er sich gerade nicht unterordnen möchte. Da er aufschreit und sie schubst, drängt Margot den 1,60 m großen Raufbold in den Schlafsaal. Dort schreit er dann richtig und wirft einen Stuhl um.

Die ruhige Klientin Frieda sitzt dort in der Ecke. Doch Margot sperrt den Schlafsaal zu. Willy tobt noch mehr. Wegen Frieda entschließt sich die Chefin dazu, Verstärkung zu holen. Fünf Pfleger kommen, um Willy ans Bett zu fixieren. Der Patient kooperiert. Trotzdem wird er ans Bett geschnallt. Dazu wird ihm eine Extradosis Beruhigungsmittel verabreicht. Aufgrund des Vorfalls verdoppelt der Arzt später seine tägliche Dosis Beruhigungsmittel.

Gewalt durch Patienten tritt in unterschiedlichen Formen auf. Beispiele hierfür sind Beleidigungen oder handgreifliche Attacken. Zweifellos ist Gewalt eine umfassende Herausforderung im Sozialwesen, doch die Attacken sind nicht nur auf eine Berufsgruppe wie Pflegekräfte begrenzt. Es sind auch Verwaltungskräfte oder Sicherheitsdienste mit Gewalt konfrontiert. Den Menschen wird in manchen Einrichtungen regelrecht der Kampf angesagt. Sie werden beschimpft, beleidigt und bedroht. Oft erleben sie auch körperliche Gewalt in Form von Festhalten oder anklammern. Es kommt auch zu schweren Formen wie Schlagen, Treten, Beißen und Würgen.

Nicht nur Menschen mit geistiger Behinderung sind mit Anforderungen überbelastet, auch viele Mitarbeiter sind mit gewalttätigen Klienten überfordert. Manche Patienten auf Problemabteilungen glauben, dass sie keine Zukunft haben, oder kennen es nicht anders. Spannungszustände lassen sich nicht verbieten. Um mit solchen Herausforderungen fertig zu werden, sind Menschen mit geistiger Behinderung auf Hilfe angewiesen.

Außerdem ist das äußern der Gewalthandlungen für Bewohner häufig das einzige Mittel, um auf ihre Anspannungen, Überforderungen, Angstzustände zu reagieren. Denn diese Option bedeutet für sie, dass die überfordernde Situation aufgelöst ist. Viel Einfühlungsvermögen ist deshalb bei geistig behinderten Menschen gefragt.

Eine sichere Arbeitsumwelt ist ein selbstverständliches Recht für Bewohner und Helfer. Die Wirklichkeit sieht aber meistens anders als. Arbeitssicherheit ist nicht nur eine Grundlage für Qualität in der Gesundheitsversorgung, sondern auch Bedingung, damit sich Ausgrenzung und Mobbing bewältigen lassen. In der Praxis stecken viele lieber den Kopf in den Sand.

Aufgelesen

In Heimen sind Personal und Bewohner alltäglich mit Gewalt konfrontiert. Heimbetreiber schweigen. Eine Heilerziehungspflegerin aus Neu-Ulm klagte, deshalb vor Gericht:

Auf ihrer stationären Wohngruppe hatte ein hochaggressiver behinderter junger Mann wiederholt hilflose Mitbewohner angegriffen, ein anderer Bewohner war ebenfalls mehrmals gegen sich selbst und andere gewalttätig geworden. Doch die Leitung habe nicht auf ihre Warnung reagiert – und sie stattdessen hausintern umgesetzt. Weg von ihrer Wohngruppe (Mittler 2013).

► **Bitte beachten Sie** Entwickeln Sie gemeinsame Standards gegen Belästigung, Ausgrenzung und Mobbing. Beachten Sie dabei die unterschiedlichen Formen des Mobbings und weitere Aspekte wie rassistische Diskriminierung, körperliche Gewalt gegen Mitarbeiter, Freiheitsentzug etc.

2.4.4 Für die Einrichtung

Jede Kommunikation ist entweder ein SOS-Ruf oder ein Care Paket, eine Bitte oder ein Danke, ein Bedürfnis oder ein Angebot ein Bedürfnis zu erfüllen. Kelly Bryson

Im Jahr 2010 berichtet die Presse über einen typischen Heimskandal in Bayern.

Aufgelesen

Ein Heimleiter und zwei Mitarbeiter kamen vor Gericht. Sie wurden beschuldigt Schutzbefohlene misshandelt zu haben. Die 28 bis 51 Jahre alten Mitarbeiter sollen den seelisch kranken Patienten unter anderem Magenschwinger mit der Faust verpasst, sie vom Bett auf den Boden geschleudert oder ihnen die Arme auf den Rücken gedreht haben.

Der Heimleiter soll den Einsatz von Gewalt angewiesen haben: „Krisen schnell und knackig zu beenden". Und die Gewaltanwendung der Pfleger müsse „immer eine Stufe höher sein als die der Bewohner". Zwischen 2004 bis 2009 kam es in den beiden Heimen mit insgesamt 59 psychisch-kranken Bewohnern laut Anklage zu 107 Übergriffen. Die Ermittlungen wurden durch einen ehemaligen Mitarbeiter ins Rollen gebracht (Gut 2010).

Dieser Fall zeigt, dass mobbende Einrichtungen, die unmenschlich handeln, heutzutage über kurz oder lang Schwierigkeiten bekommen können. Mobbing-Betroffene sind benachteiligt. Mitpatienten oder Kollegen schweigen oder verharmlosen die Handlungen. So bekommen die Mobber keine Rückmeldung über ihre Taten. Die Zuschauer sind froh nicht selbst betroffen zu sein und sagen nichts. Am Ende steht der Betroffene allein da.

Seit Mitte der 1980er Jahre siedeln Kostenträger Patienten aus psychiatrischen Anstalten in Heime um. Durch solche Maßnahmen leben sie zwar nicht mehr dauerhaft in Krankenhäusern, aber in Heimen. Auch wenn sich die baulichen Gegebenheiten dadurch oft verbesserten, bleiben bei den Patienten viele Bedürfnisse unerfüllt. Denn das Verlassen einer hospitalisierenden Einrichtung muss nicht bedeuten, dass die Ausgrenzung verschwunden ist.

Wenn Zeitungen über Heimskandale in Heim berichten, stehen Führungskräfte in der Verantwortung. Neben den Hauptvorwürfen Gewalt und Mobbing wird auch Korruption, Untreue, Betrug, Missmanagement thematisiert. Zeitungsartikel bewirken einen erheblichen Vertrauensverlust gegenüber Heimen. Die zunehmenden Skandale in Heimen zeigen, dass die Chefs fraglich handeln. Durch ihre „rette sich, wer kann" Mentalität versuchen sie, ihren Nutzen zu maximieren. Das geht allerdings oft auf Kosten der Betroffenen.

Mobbing schadet Einrichtungen, weil diese genötigt sind neue Mitarbeiter zu suchen und einzuarbeiten. Rahmenbedingungen sind zwar korrigierbar, neue Visionen brauchen aber die Zustimmung der Menschen. Diese Einsicht ist für die Akzeptanz des neuen Ablaufs entscheidend. Doch Widerstand, wie in dieser Fallbeschreibung, gibt es immer wieder.

Praxisbeispiel

Das Personal ärgert sich. Nein. Es ärgert sich nicht nur. Er ist sogar richtig wütend, denn es soll künftig hauswirtschaftliche Hilfsaufgaben übernehmen. Da Margot aufgrund einer Sparmaßnahme etwas weniger Zuschüsse bekam, hat sie gegen den stürmischen Protest der Belegschaft dies angeordnet.

Die Schwestern und Pfleger wagten bislang keinen offenen Widerstand – bis gestern. Der Tag der offenen Tür wird für Margot nun zum Experiment. Die Chefin war noch nie so außer sich. Der Grund: Fünf Mitarbeiter haben sich krank gemeldet. Sie schimpft über die Gleichgültigkeit, sowie über den Dienst nach Vorschrift des Pflegepersonals. Das Personal lässt Margot auflaufen.

Rache ist nicht vernünftig, kommt aber oft vor. Meistens rächen sich Angestellte an ihren Chef, mit Dienst nach Vorschrift oder sie lassen aus der Arbeit etwas mitgehen. Das Kernproblem in Veränderungsprozessen liegt in der mangelnden Akzeptanz der Mitarbeiter. Die häufigsten Gründe für Widerstände sind Wissens- und Willensbarrieren.

Wenn jemand etwas nicht kann, dann sagt er anderen, dass sie es auch nicht können. Trotzdem dürfen Führungskräfte die Sorgen der Angestellten nicht herabsetzen. Zielführend ist es die Politik gemeinsam zu gestalten. Ausgrenzende Gesinnungen stellen allerdings hierfür Barrikaden dar. Wenn Mut nicht anhand von Erfahrung gefestigt ist, birgt er das Risiko schnell in Mutlosigkeit oder sogar Boshaftigkeit umzuschlagen. Kreativität wächst aber aus Mut und Vertrauen. Eine ausgrenzende Einstellung untergräbt und hindert viele sinnvolle Aktionen. Daher ist die einfühlsame Haltung der wichtigste Ansatzpunkt.

▶ **Bitte beachten Sie** Identifizieren und bearbeiten Sie Konflikte. Akzeptieren Sie Widerstände und kommunizieren Sie offen. Das schafft ein vertrauensvolles Arbeitsklima. Beteiligen Sie die Betroffenen und qualifizieren Sie die kritischen Mitarbeiter.

2.4.5 Für die Gesellschaft

Obwohl Mobbinghandlungen hohe Kosten durch Frühverrentung, krankheitsbedingte Ausfallzeiten, Fluktuationsraten, Produktivitätseinbußen und Qualitätsminderungen verursachen, werden sie oft hingenommen. Besonders wesentlich erscheint mir dabei, dass manche Mitarbeiter mit Krankmeldungen Widerstand leisten.

„Wer nicht arbeitet, soll auch nicht essen", schreibt Apostel Paulus. In unserer Gesellschaft sind solche Sätze verbreitet. Bereits rechte und linke Diktatoren wie Hitler oder Stalin haben dieses Zitat verwendet. Obwohl wir heute materiellen Überfluss besitzen, leben viele Menschen im Mangel.

Während Paulus vor 2000 Jahren die Menschen mit diesem Glaubenssatz zur Selbstsorge bringen wollte, erschweren heute solche Sätze genau diese Selbstsorge. Was hat sich geändert?

Weil früher der Knecht oder die Magd zu Essen bekamen, war es auch schon damals wirtschaftlich sinnvoll, die Arbeitskräfte rund um die Uhr zu beschäftigen. Dennoch sind im Laufe der industriellen Revolution Haus-, Feld- und Landarbeiter durch Bügeleisen und Traktoren ersetzt worden. Denn solche Produkte kommen günstiger. Viele Arbeiten sind zum Großteil überflüssig geworden. Niemand spannt mehr einen Gaul vor dem Pflug. Computer übernehmen unsere Arbeit. Wirtschaftlich gibt es also keine Notwendigkeit, die Menschen auszubeuten. Es sind alte Gewohnheiten und Glaubenssätze zu ändern, um in einem Klima der sozialen Wärme zu leben und aus unserem Hamsterrad zu steigen. Doch wie geht das?

Der umgekehrte Glaubenssatz hilft beim bewusst machen: Kann jemand, der nicht isst, überhaupt arbeiten? Leistung setzt Nahrungsaufnahme voraus. Kein Gaul pflügt den Acker, wenn er kein Heu bekommt. Die technische Entwicklung und die hohe Produktivität machen immer mehr Arbeitsplätze überflüssig. „Wir vollziehen gerade einen Wandel hin zu einem Markt, der zum allergrößten Teil ohne menschliche Arbeitskraft funktioniert. Bis 2010 werden nur noch zwölf Prozent der arbeitenden Bevölkerung in Fabriken gebraucht. Bis 2020 werden es weltweit nur noch zwei Prozent sein", sagt der Ökonom Jeremy (Rifkin 2005) voraus.

Mobbing führt zu seelischen Erkrankungen. Diese sind nach dem Fehlzeiten-Report die vierthäufigste Ursache für Krankmeldungen und erhöhen die Personalkosten (Badura et al. 2003).

2.5 Mobber, Betroffene und ihre Zuschauer

Wo sich deine Talente, deine Sehnsüchte und Träume mit den Bedürfnissen der Welt kreuzen, dort liegt deine Berufung. Alexander Kaiser

Bei Mobbing sind verschiedene Parteien beteiligt. Das sind neben den sogenannten Opfern, die Mobber und die Zuschauer. Doch dabei gibt es ein Problem, wie dieser Fall zeigt.

Praxisbeispiel

Er sprüht vor Ideen. Das war nicht immer so. Früher hatte er selbst viele Probleme: Mit seinen Chefs, Kollegen und überhaupt machte ihm das Leben nicht viel Spaß. Kommunikationsthemen zogen ihn aber magisch an. Er verschlang Bücher und Videos. Drei Mal in der Woche besuchte er Gruppenangebote, wie Übungsgruppen. Hermann berät Mitarbeiter bei Mobbing. Mobber, Betroffene, Zuschauer spielen bei seiner Situationsanalyse eine wichtige Rolle. Jetzt bringt er Betroffene aus ihrer Opferrolle raus.

Beim Begriff Opfer besteht das Problem, dass es für die Heilung der entstandenen Verletzung wesentlich ist, dass der Mensch, dem Gewalt angetan wurde, aus der Opferrolle rauskommt. Es hilft niemanden, wenn er sich kraftlos fühlt. Daher meidet der Autor den Begriff und spricht lieber von Betroffenen. Das ihm Angetane wird zwar oft nicht wahrgenommen, doch selbst, wenn der Mobber bestraft wird, kehrt beim Betroffenen meist keine innere Ruhe ein. Frieden lässt sich erst durch Versöhnung finden. Hierzu ist es notwendig, dass der Schmerz von beiden Seiten gehört wird.

In Übungsgruppen wird daher in einem Rollenspiel gerne ein Täter-Opfer Ausgleich simuliert. Der Betroffene bekommt so viel Empathie, bis sein Bedürfnis danach erfüllt ist. Er darf alles mitteilen: Was er fühlt, seine Wut, seinen Ärger, dass er sich im Bett Hin und Her wälzt. Ohne sich zu rechtfertigen gibt der Täter, oder jemand in dieser Rolle, wieder, was er gehört hat.

2.5.1 Gängige Mobbingrollen

Die Mobber sind in ihrer eigenen Gedankenwelt gefangen. Zuhören fällt ihnen schwer. Weil sie es nicht anders kennen, reagieren sie überwiegend mit Rechtfertigungen. Mobber brauchen Hilfe, damit sie das Opfer überhaupt hören und verste-

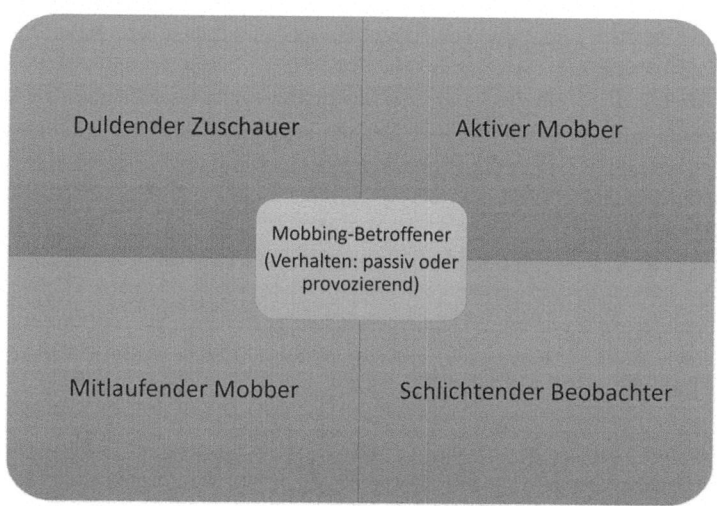

Abb. 2.7 Mobbing-Rollen. (Quelle: eigene Darstellung)

hen können. Nachdem sich der Betroffene ausgedrückt hat, bekommen die Mobber Empathie. Diese brauchen sie in der Regel, um ihre Bedürfnisse wahrzunehmen. Abbildung 2.7 zeigt die unterschiedlichen Mobbing-Rollen.

Die Mobber Von der Gruppe der Mobber geht die Gewalt aus. Sie grenzen die Betroffenen aus. Dabei fühlen sie sich oft überlegen und zeigen dies auch über ihre Körpersprache. Sie haben keine Scheu vor Gewalt. Die Folgen sind ihnen im Moment egal. Meistens ist der Mobber nicht allein, sondern Teil einer Gruppe. Die Mobber sind aber nicht alle gleich. Neben dem aggressiven Mobber gibt es noch den ängstlichen Mitläufer-Mobber. Dieser möchte an der Macht teilhaben. Um nicht selbst Betroffen zu sein, imitiert er das Verhalten des Hauptangreifers.

Die Mobbing-Betroffenen Betroffene befinden sich in einer heiklen Lage. Sie erfahren meistens wenig Unterstützung. Opfer fühlen sich in der Regel hilflos, ohnmächtig und unsicher. Deswegen sind sie nicht in der Lage, sich selbst zu helfen. Geschulte Augen erkennen solche Gefühlszustände an einer untertänigen Körpersprache.

Die duldenden Zuschauer Mobber suchen Anerkennung. Deswegen gibt es häufig Zuschauer bei Gewalthandlungen. Einige Zuschauer bestätigen erfahrungsgemäß sein Verhalten und dulden es. Manche Zuschauer unterstützen allerdings den Betroffenen. Dies zeigt sich, wenn jemand mutig Gewalt unterbindet.

Vorgesetzte und Kollegen beteiligen sich oft aktiv am Geschehen, indem sie das gewalttätige Verhalten dulden oder sogar verstärken. Die Mittäterschaft erkennen sie darin aber nicht. Denn der Betroffene sei empfindlich oder dramatisiert. Gewalthandlungen sind für sie normal. Sie belohnen und bestrafen, um Macht über jemanden auszuüben.

Fazit: Mobber gehen ihrer Beschäftigung nicht nach, weil es ihnen Freude bereitet, das Leben der anderen zu verschönern. Vielmehr sind sie von Macht, Misstrauen und Ansehen gedrängt. Dennoch kann jeder etwas gegen Mobbing tun. Sobald jemand in der Arbeit einen Kollegen beleidigt, bitten sie ihn einfach, damit aufzuhören.

> **Übung** Ordnen Sie sich ein. Zu welcher Rolle neigen Sie? Prüfen Sie, ob die Kriterien erfüllt sind. Fühlen Sie sich ein. Identifizieren Sie die Ursachen für ihr Verhalten.

2.5.2 Warum Zuschauer schweigen

In Heimen können Betroffene nicht frei entscheiden. Vorschriften entziehen ihnen die Kontrolle über den Tagesablauf. Sie haben wenig Zeit. Das Personal duldet dieses Mobbing, ohne einzugreifen. Was damit gemeint ist, zeigt das Geschehen im Kloster Ettal. Im Internat des Benediktinerklosters herrschte bis in die Achtzigerjahre hinein ein autoritäres System. Es war eine totale Institution, aus der es kein Entrinnen gab. Teil dieses Gewaltsystems waren auch sexuelle Übergriffe. Gewalt wurde als Erziehungsmethode eingesetzt (Keupp et al. 2013).

„Handelnd und sprechend offenbaren die Menschen jeweils, wer sie sind, zeigen aktiv die personale Einzigartigkeit ihres Wesens", schreibt Hannah Arendt in ihrem Buch Vita activa. Partnerschaftlich handeln wir, sobald wir Verantwortung übernehmen (Arendt 1960).

Schweigen ermöglicht Mobbing. Denn über Ausgrenzung spricht keiner gern. So legt sich Schweigen und Sprachlosigkeit über die Mobbinghandlungen, wie ein Panzer über eine Schildkröte. Die Wahrheit über Mobbinghandlungen kommt meistens nicht ans Licht.

Bewertungen beeinflussen uns seit unseren Kinderjahren. Bei guten Noten belohnen uns die Eltern. Bei schlechten Noten schimpfen sie. Leute sind daran interessiert, ihr Ansehen zu schützen. Dieser Aspekt ist uns häufig nicht bewusst. Den Kern des Konflikts offenzulegen ist anstrengend. Es lohnt sich aber, es anzupacken. Zumal ein Konflikt im Kern nicht zerstörerisch ist (Fromm 1956). Strei-

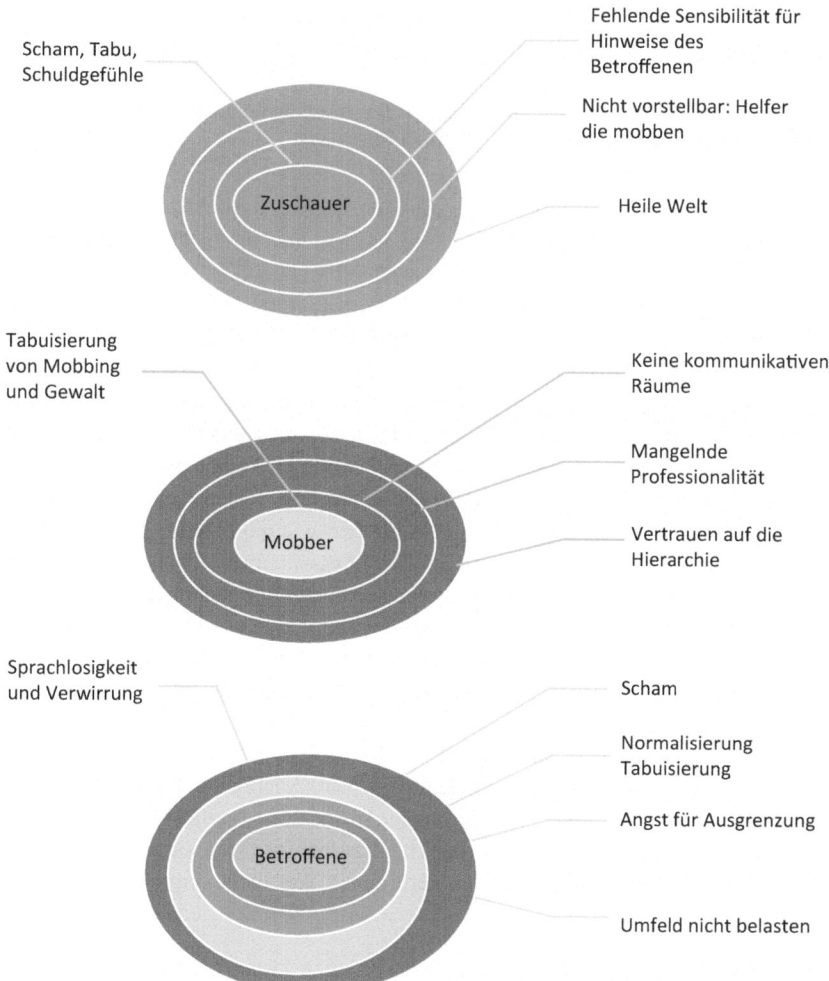

Abb. 2.8 Gründe für das Schweigen. (Quelle: Eigene Darstellung angelehnt an Keupp et al. (2013))

tereien sind weder gut noch schlecht. Wenn der Auslöser ermittelt ist, lassen sie sich lösen. Doch Menschen schweigen oft über den Auslöser oder kennen ihn gar nicht. Es lohnt sich mögliche Gründe für das Schweigen gegliedert nach Zuschauer, Mobber und Betroffene zu betrachten (Abb. 2.8).

2.6   Mobbinghandlungen lösen: Monster-Ärger versteckt Schmerz

Wir sind gefährlich, wenn wir uns der Eigenverantwortung für unser Verhalten, Denken und Fühlen nicht bewusst sind. Marshall Rosenberg

Wer sich ärgern will, hat im Sozialwesen viele Anlässe dazu. Die meisten Ärger-Reize im Alltag sind unerheblich. Sie reichen nicht aus, um heftige Wut auszulösen. Trotzdem verderben sie uns unterschwellig die Laune.

Beleidigungen, lautes Geschrei, leidende Patienten, ständiger Uringeruch – der Arbeitsalltag steckt in Heimen oft voller Zumutungen. Nach dem ersten Enthusiasmus stellt sich für neue Mitarbeiter der Alltag ein und damit werden auch die Schwächen der Arbeitsstelle immer deutlicher. Das Personal reagiert darauf häufig genervt oder verärgert. Sind die Angestellten zu mimosenhaft? Nein, in unserer angespannten, lauten, pingeligen Arbeitswelt können Menschen meistens nicht anders, als ärgerlich zu reagieren. Trotzdem ist es wichtig, seinen Ärger zu managen.

Unterschwellige Belastung ist oft gefährlicher, wie ein plötzlicher Schicksalsschlag. Denn bei einer plötzlich auftretenden Stresssituation stellen wir viel Kraft bereit, um sie zu bewältigen. Viele kleine Gemeinheiten summieren sich, ohne dass wir die Gefahr erkennen. Wie der im Kochtopf sitzende Frosch, merken wir nicht wie das Wasser zu kochen beginnt. Aber wenn bei hoher Temperatur, dann der Kollege einen einfachen Eintrag in der Dokumentationsmappe vergisst, kann es sein, dass wir an die Decke gehen.

Viele Menschen ärgern sich, sobald Sie Kritik hören. Einige flippen aus. Mir passiert das manchmal, wenn mein Bedürfnis nach Anerkennung nicht erfüllt ist. Es gibt jedoch clevere Wege. Buddha sagt: „An seinem Ärger festzuhalten, ist genauso wie eine glühende Kohle in die Hand zu nehmen, um sie nach jemanden zu werfen; du bist derjenige, der sich verbrennt." Wer nicht vergibt, schadet sich selbst.

2.6.1   Warum wir uns ärgern

Der eine will ins Kino, der andere ins Konzert. Der eine möchte Fußball sehen, der andere eine Seifenoper. Frieda setzt auf Strategie A, um ihre Bedürfnisse zu erfüllen, doch Willy beharrt auf seine Strategie B. Schon ist ein Streit entbrannt. Bei den Beteiligten kommt es zu Anspannungen, die sich verselbstständigen. Ärger deutet auf den Streit hin. Jeder kennt solche Situationen. Der Betroffene ist wütend. Das körperliche Alarmsystem ist aktiviert. Falls die Eingabe ausgrenzend oder beleidigend ist, löst ein solcher Inhalt meistens Gefühle wie Ärger aus. Das nächste Mal reicht aber auch schon ein Gedanke an den Kontrahenten und der Ärger ist da. Wer

sich die Mühe macht, seine Gefühle hinter dem Ärger zu erforschen, bekommt tiefe
Einsichten hinter seine wahren Beweggründe und was er wirklich braucht.
Da unser Gehirn noch auf Überleben programmiert ist, kommt es immer wieder
vor, dass Gefühle uns überwältigen. Schnell entsteht Angst, Ärger oder Wut. Vor
10.000 Jahren hat dieser Mechanismus das Überleben gesichert. Erst seit der Zi-
vilisation fragen Menschen, ob wir jemanden richtig oder falsch behandeln (Basu
und Faust 2010).

Praxisbeispiel

Alfred kommt zur Reha in eine Burn-out-Klink, weil er mit seinen Aufgaben
nicht mehr klar kommt. Oft platzt ihm bei nichtigen Anlässen schon der Kra-
gen. Seine Frau stellt ihn vor die Wahl: Entweder Klinik oder Scheidung. Alfred
ist keine Ausnahmeerscheinung.

Meinungsverschiedenheiten lösen den Streit aus. Ärger macht sich breit. Doch hin-
ter dem Ärger liegt häufig die Angst, nicht beachtet zu werden. Die meisten Leute
schieben deshalb dem Gegenüber ihre verdrängte Wut, Schuld oder Scham in die
Schuhe. Solche Gefühle sehen sie dann allein im Gegenüber. Es ist aber bedeutend,
den Eigenanteil zu erkennen. Denn Menschen sind für ihre Gedanken, Worte und
Gefühle selbst verantwortlich. Besonders bei Konflikten besteht der Schlüssel zum
Miteinander im verantwortlichen Handeln. Es ist der erste Schritt zur Genesung.
Nicht die Handlungen des Gegenübers lassen uns Gefühle erleben. Es sind unsere
befriedigten oder nicht befriedigten Bedürfnisse. Marshall Rosenberg empfiehlt
folgenden Umgang mit Wut und Ärger:

> Es geht nicht darum die Wut zu unterdrücken. Es geht vielmehr darum, sich tiefer
> auf die Wut einzulassen und bis zu ihrer Wurzel zu gehen. Dort finden wir immer
> unerfüllte Bedürfnisse (Rosenberg 2004, S. 23).

Info: Das Ärger-Programm

Wenn wir uns ärgern, startet unser Organismus ein bestimmtes Programm. Das Gehirn bildet zusammen mit dem Rückenmark das Zentralnervensystem unseres Körpers. Stammhirn,
limbisches System und Großhirn sind die drei Schichten unseres Gehirns. Diese sind miteinander verbunden (Fritsch 2010). Mithilfe des Großhirns erleben Menschen bewusst. Damit
planen und denken wir. Im limbischen System entstehen unsere Gefühle. Das Großhirn vergleicht gespeicherte emotionale Erfahrungen mit aktuellen Gefühlen.
  Obwohl wir dem Denken großen Einfluss zuschreiben, sind unsere Gefühle stärker. Denn
in Notfällen befiehlt das limbische System (das Zentrum der Gefühle) dem Rest des Gehirns
(Goleman et al. 2002). Es übernimmt die Kontrolle. Für diese Macht der Gefühle gibt es
einen besonderen Grund.

Gefühle sind für unser Überleben entscheidend. Das Gehirn bietet unterschiedliche Optionen: kämpfen, fliehen oder Tod stellen. Das Stammhirn steuert körperliche Prozesse wie die Atmung oder das Immunsystem. Dort werden auch unsere Instinkte bedient, wie unser Kampf- und Fluchtverhalten. Bei einem Konflikt trägt sich folgendes zu:

1. Der Körper entzieht dem Großhirn wegen der Konfliktlage Energie, um sie dem Stammhirn zur Verfügung zu stellen.
2. Ein Notprogramm startet. Das Stammhirn greift unflexibel auf gespeicherte Muster zurück.
3. Ärger, Wut, Scham deuten an, dass eigene Bedürfnisse nicht erfüllt sind.
4. Wir greifen an, sobald wir uns überlegen fühlen. Wenn wir uns schwächer fühlen, dann setzten wir auf Flucht. Falls keine Flucht möglich ist, erwägen, wir uns tot zu stellen (Dieter 2007).

Tatsächlich ist das gesamte Geschehen natürlich etwas komplexer, um die wesentlichen Merkmale herauszustellen, wurde auf Details verzichtet.

Der Ablauf macht deutlich, weshalb Menschen sich in verschiedenen Situationen völlig gegensätzlich verhalten. Denn unsere Fähigkeit, in einer Konfliktsituation Probleme zu lösen, ist stark eingeschränkt. Dennoch agieren manche Menschen in ähnlichen Rahmen sinnvoll. Solche Leute entscheiden instinktiv. Sie zeichnet eine Kompetenz im Umgang mit unterschiedlichen Konfliktparteien, wie Bewohner gegen Helfer aus. Diese aufmerksamen Beobachter nehmen Mobbing bereits im Vorfeld wahr.

2.6.2 Lernen den Schmerz zu bewältigen

Führungskräfte in Heimen haben respektvollen Umgang zwischen den Mitarbeitern und Bewohnern zu gewährleisten. Da es manche Angestellte gibt, die damit an ihre Grenzen stoßen, bieten sich neben Besprechungen auch Übungsgruppen und Seminare an. So lassen sie sich gestalten.

Praxisbeispiel

Mein Kollege Hermann leitet heute die Besprechung. Alle zehn Mitarbeiter sind anwesend. Gemeinsam mit der Gruppe möchte er über die Inhalte der kommenden Seminare entscheiden. Mit großen Ohren hören die neuen Anwesenden Schwester Marie zu. Sie erzählt, dass sie unzufrieden ist, weil die Angestellten in die Veränderung nicht eingebunden sind. Die Tagesordnung kommentiert sie nicht. Hermann wollte ein Blatt austeilen und über anstehende Entscheidungen informieren. Das lässt er jetzt, solange dieser offene Streitpunkt im Raum steht.

Tab. 2.4 Einstiegs-, Erarbeitungs- und Schlussphase

Einstiegsphase	Erarbeitungsphase	Schlussphase
Motivieren und Aufwärmen, Bekannt machen des Lernvorhabens, Problembewusstsein wecken	Kompetenzen entwickeln und sich stärken, mit den Themen auseinandersetzen	Ergebnis sichern und Lehr-/Lernergebnis bewerten und reflektieren

Es äußert sich also jeder Teilnehmer nochmals zu Schwester Maries Anliegen. Die Beteiligten hören sich gegenseitig zu. Das Thema hat Vorrang.

Tabelle 2.4 fasst die drei Phasen einer solchen Übungsgruppe zusammen.

Einstiegsphase In einer Übungsgruppe sagen, üblicherweise nach ein paar einleitenden Worten des Trainers, die Teilnehmer, was sie bewegt. Bei einem sogenannten Blitzlicht erzählen sie also über ihr Befinden. Das kann auch geschehen, wenn jemand einen starken Einwand äußert und eine Rückmeldung von der Gruppe haben möchte. Damit lässt sich klären, wie es den anderen damit geht. Im Raum stehende Gefühle und Bedürfnisse werden deutlich.

Erarbeitungsphase Anschließend übernimmt der Moderator und bietet an, dass jeder seinen eigenen Fall einbringen darf. In dieser Phase tragen die Teilnehmer, wie auf einem Marktplatz, ihre zwischenmenschlichen Probleme vor. Anschließend entschieden sie, welcher Fall besprochen wird.

In der nächsten Phase wird nochmals ausführlicher die Situation geschildert. Der Kontext soll dabei so informativ wie nötig sein, nicht informativer. Denn zu viele Informationen können den Fokus in Richtung Diskussion und nicht in die heilsame Richtung lenken. Die Teilnehmer erspüren Spannungen und latente Widerstände und beschreiben die Auslöser. Dies kann ein Satz in einem Streit sein. Beispielsweise sagt sein Chef: „Ihre Arbeit ist minderwertig." Es kann auch eine Situation sein, in der er sich geärgert hat. „Plötzlich stand ich da, und das Dienstfahrrad war weg." Der beschriebene Kontext informiert über den Auslöser. Falls mehrere Gäste einen Fall einbringen, bietet sich ein Auswahlverfahren an. Sobald Kontext und Auslöser klar sind, findet meistens eine Empathierunde statt.

Sehr gut für eine Empathierunde eignen sich angefange Sätze: „Wenn ich Du bin, dann fühle ich mich hilflos und brauche Unterstützung." Das erleichtert Anfängern das Einfühlen. Dabei handelt es sich um eine Vereinfachung. Der andere vermutet, was der Betroffene fühlt oder welche Bedürfnisse er hat.

Oder jemand spiegelt die Gefühle und Bedürfnisse des Gegenübers in Form einer Frage. Beim Spiegeln wird der Inhalt des Gesagten wiedergegeben. Vor allem die Gefühle und Bedürfnisse, die wir bei seinem Gegenüber wahrgenommen haben. Damit können Sie sich versichern, das Innenleben meines Gegenübers richtig verstanden zu haben. „Fühlst Du dich hilflos und brauchst Unterstüzung?"

Nachdem Auslöser, Gefühle und Bedürfnisse fokussiert wurden, suchen Teilnehmer nach möglichen Bitten. Hierzu bietet sich ein Rollenspiel an. Bei, dem sich der Betroffene aussucht, ob er sich spielt oder sich spielen lässt.

Da Gruppen gern kreativ und kommunikativ arbeiten, entstehen durch Rollenspiele Lernchancen. Außerdem können Rollenspiele zur Versöhnung beitragen. Das Spiel hilft den Beteiligten, Anteile in sich zu erkennen, die jemand selbst oft gar nicht wahrnimmt. Auslöser können Erlebnisse sein, die jemand im Kindsalter erfahren hat. Die Geschichte holt ihn wieder ein, ohne dass er es will. Beispiel: Ein Helfer bereitet sich auf ein Personalgespräch vor. In der Übung reagiert er ärgerlich. Ein wunder Punkt ist getroffen. Es löst in ihm etwas aus, deren Ursache in seiner Schulzeit begründet liegt. Das wird aber nicht thematisiert. Denn der Fokus liegt im Hier und Jetzt, in der Gegenwart.

Versöhnung ist ein vertrauensvolles Geschehen, in dem zwei verfeindete Seiten, und sei es auch nur im Rollenspiel, ihren seelischen Schmerz und ihre Trauer gegenseitig wahrnehmen. Sie drücken aus, was geschehen ist. So entsteht innere Heilung.

Schlussphase Um Bitten zu testen, bietet sich ein weiteres Rollenspiel an. Bei dem sich der Betroffene selbst spielt oder sich spielen lässt. So lernt der Betroffene die Sicht des Gegenübers kennen. Erst ganz zum Schluss suchen die Teilnehmer nach Lösungen, um den Betroffenen mit Möglichkeiten oder Strategien zu unterstützen.

In Tab. 2.5 finden Sie eine Checkliste zu Gruppenarbeiten für Berater.

2.6.3 Welche Lösungswege helfen Mobbing zu überwinden

Die Aufgabe ist, die Mobber zu zähmen. Die Kernfrage lautet dabei: Wie gelangen wir zum Doppelsieg? Den sogenannten Win-Win-Zustand. Hierzu sind vier Lösungswege sinnvoll: Mobber zähmen, Betroffenen befähigen, Zuschauer ermutigen und schlichtende Beobachter stärken.

1. Mobber zähmen

„Ich zähme Wölfe!", mit diesen Worten überraschte der Kommunikationstrainer Marshall Rosenberg gerne seine mobbingerfahrenen Schüler zu Beginn seiner Seminare. Der Satz verdeutlicht, worum es im Wesentlichen geht. Wer wenig Einfühlungsvermögen dem Betroffenen gegenüber besitzt und sich schnell seelisch angegriffen fühlt, neigt zu Mobbing. Durch die Ausgrenzung lebt der Mobber seine

Tab. 2.5 Checkliste Gruppenarbeit – Wichtige Aspekte für Berater

Was ist das?	Eine Gruppe besteht in der Regel aus etwa 4–12 Leuten, die sich freiwillig und regelmäßig treffen, um an selbst gewählten oder vorgegebenen Themen zu arbeiten
Was ist der Plan?	Menschen auf schwierige Situationen vorbereiten
Was tun?	*Praxistipps für die Beratung:*
	Kleine Gruppen sich bilden lassen
	Einen Raum zur Verfügung stellen
	Groben Rahmen vorgeben
	Für eine angst- und gewaltfreie Atmosphäre sorgen
	Teilnehmer aktivieren und motivieren
	Belastende Spannungen erkennen, um sie im Gespräch abzubauen
Checkliste	Droht, dass Einzelne zu Außenseitern werden?
	Ist das Gruppenklima angstfrei, solidarisches und entspannt?
	Verfolgen Sie gemeinsame Ziele?
	Besteht eine angenehme Atmosphäre in ihrer Einrichtung?
	Können Teilnehmer ihre Anliegen in den Ablauf einbringen?
Weitere Elemente	*Grundsätze:*
	Lassen Sie die Gruppenmitglieder die Einheit mitgestalten
	Fördern Sie die Kommunikation untereinander
	Achten Sie darauf, dass immer nur einer spricht
	Stärken Sie den Zusammenhalt der Gruppe durch gemeinsame Aktivitäten
	Beachten Sie Körpersignale

Ängste aus. Er gesellt sich zu den Starken. Zwar wertet er sich oder seine Rangordnung auf, doch dies geschieht auf Kosten anderer. Er verunsichert, provoziert und ärgert die Betroffenen. Der Mobber sitzt im Sessel. Er hat zusätzlich zwei Kissen. Der Betroffene bekommt den Hocker. „Angriff ist die beste Verteidigung", denkt er sich. Ziel des Mobbers ist es, seine Ordnung herzustellen. Denn der Mobber besitzt seine Daseinsberechtigung im Erhalt dieser Ordnung. Wenn Streitigkeiten nicht gelöst sind, spielt er seine Positionsmacht aus, um sich durchzusetzen. Deshalb ist es so schwierig, sie zu zähmen, aber nicht unmöglich.

2. Betroffene befähigen

Jeder kann von Ausgrenzung betroffen sein. Bei den Betroffenen lässt sich der passiv-hilflose Betroffenentyp vom provozierenden Typ unterscheiden. Es empfiehlt sich für Betroffene, aktiv zu handeln. „Es wird immer gleich ein wenig anders, wenn man es ausspricht", sagt Hermann Hesse in seinem Buch Siddhartha. Dieses aussprechen lässt sich üben. In Trainings geht es darum Bedürfnisse wahrzunehmen und zu benennen. Diese sind die wichtigsten Kompetenzen im Miteinander und für die Arbeit im Team. Der Betroffene schafft es, in der Regel nicht aus eigener Kraft Mobbing zu bewältigen. Hierzu braucht er Unterstützung. Einfach hinnehmen sollte er die Ausgrenzung allerdings nicht.

3. Duldende Zuschauer ermutigen

Ohne einzugreifen, billigt der Zuschauer die Gewalthandlugen. Beobachtend beteiligt er sich nicht offen am Geschehen. Erleichtert ist er, weil er nicht selbst betroffen ist. Manche haben Mitgefühl. Sie helfen den Betroffenen aber nicht. Der duldende Zuschauer unterwirft sich dem Mobber oder verhält sich neutral. Weil er es nicht anderes kennt, lässt er sich beherrschen, passt sich an und glaubt, dass er dadurch überlebt. Der Mobber bestimmt über ihn. Solange der Zuschauer dem Mobber nach dem Mund redet, ist keine Bewältigung vollzogen. Nicken ist keine gute Strategie, weil die Spannung bleibt und Mobbing begünstigt.

4. Schlichtende Beobachter stärken

Der Schlichter möchte den Teufelskreis des Mobbings durchbrechen. Weil der Schlichter die Menschen akzeptiert, kann er einen Doppelsieg herstellen. Er ermuntert Menschen, das Glas halb voll und nicht immer als halb leer zu betrachten. Bei sich und bei seinem Gegenüber erreicht er verantwortliches Handeln durch seine einfühlsame Körpersprache. Eine ausgrenzende Einstellung führt dagegen in den Zustand der Fremdbestimmung. „Ich bin ein Mensch, nichts Menschliches ist mir fremd", sagt der Schlichter sprichwörtlich. Er stellt den Austausch in den Mittelpunkt. Der Weg dorthin führt über Aufrichtigkeit. „Aufrichtig sein kann jeder", so der Schlichter. Die Entscheidung wird so in Verbindung mit den eigenen Bedürfnissen getroffen und der Gesprächspartner erhält Respekt.

Gewaltfreie Lösungswege: Die Mobbingberatung

3

> *Im Leben gibt es keine Lösungen. Es gibt nur Kräfte,*
> *die in Bewegung sind. Man muss sie erzeugen und die*
> *Lösungen werden folgen.*
> Antoine de Saint-Exupéry

„Die Arbeit würde wieder Spaß machen, wenn der faule Mitarbeiter gekündigt und der nervige Patient endlich weg wäre", nicht nur Chefs denken so, sobald sie ihren Arbeitsplatz betreten. Durch das Fernsehen erfahren wir, wie Mobbing, Betrug und Intrigen funktionieren. Was also tun bei Ausgrenzung?

Diese Frage verdrängen viele. Hilflos stecken die Beteiligten den Kopf in den Sand. Enorm wichtig ist bei Mobbing deshalb die Kommunikation zwischen allen Beteiligten: Leitung, Arbeitsgruppen, Bewohnern, Partnern und der Öffentlichkeit. Diese darf niemals abbrechen.

Doch bevor Mobber einen guten Draht zu den Betroffenen entwickeln, brauchen sie einen solchen zuerst zu sich selbst. Denn woher wollen die Beteiligten wissen, was die Mitmenschen wollen, wenn sie nicht klar haben, was sie selbst brauchen. In unserer Lebens- und Arbeitswelt ist das Aussprechen unserer Gefühle allerdings noch nicht sehr weit verbreitet. Menschen benötigen Vorbilder. Werden Sie eines!

Sobald wir einfühlsam sind, richtet sich unsere Aufmerksamkeit auf uns selbst. Hierbei geht es um das Erkennen der eigenen Gefühle. Der Schlüssel des Miteinanders ist Mitgefühl mit uns und mit anderen. Es mag paradox klingen, doch Menschen sind wirksam, wenn sie zuhören.

▶ **Wichtig** Berater benötigen zuerst einen guten Draht zu sich selbst, bevor sie einen solchen zu den Betroffenen entwickeln.

© Springer Fachmedien Wiesbaden 2015
M. Dietl, *Mobbing im Heim*, DOI 10.1007/978-3-658-06251-4_3

Vom Opfer zum Täter ist es meistens nicht weit. Verschobene Aggressionen können sich schnell gegen Dritte richten. Manche Opfer sind nicht fähig, sich ihre eigenen Aggressionen bewusst zu machen. Die Grenzen zwischen Opfer und Täter verfließen, wenn jemand gemobbt wird, der zuvor selbst Gerüchte über die Mobber in die Welt gesetzt hat. Oft ist ihm aber nicht klar, wie sein Verhalten zur Ausgrenzung beiträgt. Trotzdem heißt dies nicht, dass wenn jemand monatelang schikaniert wird, er selber schuld ist. Wer sich allerdings selbstbewusst fühlt, wird nicht so leicht zum Betroffenen. Tabelle 3.1 zeigt eine Checkliste mit Tipps für Mobbing-Betroffene.

Info: Der No-Blame-Ansatz

No-Blame bedeutet, dass keine Schuldzuweisungen (= Blame) gemacht werden und auch niemand bestraft wird. Der Ansatz wurde in den 1980er Jahren in England von George Robinson und Barbara Maines entwickelt. Bei diesem Verfahren liegt der Fokus auf der Auflösung der Mobbingsituation. Es erfolgt keine Ursachenforschung und keine Bearbeitung vergangener Ereignisse. Der Berater bearbeitet den Konflikt also nicht in der Vergangenheit, sondern in der Gegenwart. Dadurch lässt sich der eskalierende Streit zukunftsgerichtet lösen. In die Gespräche sind sowohl Mobber, als auch Unterstützer eingebunden. Der Berater stärkt den Einfluss der nicht mobbenden Bewohner (Robinson und Maines 2008) (Abb. 3.1).

Schritt 1: Mit dem Betroffenen sprechen

Ziel des Treffens mit dem Betroffenen ist es, Hoffnung auf Veränderung bei ihm zu bewirken und Vertrauen in die Methode aufzubauen. Der Berater sagt, wie er die Mobbing-Situation aufheben will. Dabei fragt er jedoch keine konkreten Details der Mobbinghandlungen ab. Dies wäre zur Auflösung des Mobbings wenig zielführend. Er möchte aber wissen: Wer den Betroffenen mobbt und wer ihn unterstützt. Ein Folgegespräch kommt innerhalb von etwa zwei Wochen zustande.

Schritt 2: Gespräch mit Unterstützungsgruppe (ohne Betroffenen)

Beim nächsten Treffen bildet der Berater eine Helfergruppe, die das Kernstück des Lösungsansatzes darstellt. Diese Truppe hilft dem Berater. Denn er ist für die Lösung des Konflikts verantwortlich. Das Wissen über die Zusammenstellung ergibt sich aus dem Gespräch mit dem Betroffenen.

Die Helfertruppe setzt sich einerseits aus den Mobbern und andererseits aus Sympathisanten, Unterstützern und Freunden zusammen. Die Gruppengröße umfasst insgesamt sechs bis acht Unterstützer. Planen Sie zur einen Hälfte Mobbende und zur anderen Hälfte Unterstützer. Schuldzuweisungen sind tabu.

Schritt 3: Nachgespräch mit allen Beteiligten

Das Nachgespräch erfolgt nach etwa 14 bis 21 Tagen. In Einzelgesprächen wird mit jedem Beteiligten und vor allem mit dem Betroffenen die Entwicklung der Situation besprochen.

Tab. 3.1 Checkliste Mobbing: Beratung für Betroffene

Was ist das?	Mobbing steht für Psycho-Schikanen oder sie einzuschüchtern. Ziel ist es, Betroffene aus der Einrichtung zu vertreiben
	Jemand wird wiederholt und regelmäßig geärgert, beleidigt und seelisch verletzt
Was ist der Plan?	Typische Mobbinghandlungen bewältigen. Dies können sein: Falsche Tatsachen verbreiten, sinnlose Aufgaben zuweisen, Gewalt androhen, Arbeiten kritisieren oder jemanden ausgrenzen
Was tun?	*Praxistipps für die Beratung:*
	Bei schwerwiegenden Symptomen den Betroffenen zum Arzt schicken
	Den Betroffenen individuell beraten
	In den ersten Sitzungen steht vor allem zuhören, annehmen und wert-schätzen im Vordergrund
	Herantastend Ursachen und Hintergründe erforschen
	Vorschläge machen, wie der Betroffene wieder selbstständig entspan-nen kann (Hobbies, Bewegen, Fähigkeiten wieder aufleben lassen)
	Auch positives hervorhaben: Was war heute richtig gut
	Gegebenenfalls auf Mobbing-Anwalt verweisen
Checkliste	Sind die Angestellten hilfsbereit untereinander?
	Wenn jemand einen Fehler macht? Wie wird damit umgegangen?
	Gibt es Außenseiter? Werden Mitarbeiter ausgeschlossen?
	Gibt es Anzeichen von sprachlicher (anschreien, beleidigen) oder seelischer Gewalt (ignorieren)?
Weitere Elemente	*Praxistipps für Betroffene:*
	Reden Sie mit den Mobbern: Bereiten Sie sich aber gut auf das Gespräch vor und bleiben Sie dabei sachlich
	Ruhe bewahren: Klarmachen, dass Sie Auslöser und Projektionsfläche sind. Das Problem liegt beim Gegenüber
	Führen Sie ein Mobbingtagebuch. Decken Sie damit die Situationen auf
	Vorbereitet sein: Ihre Bedürfnisse sind meist: Schutz, Unterstützung und Sicherheit
	Ergehen Sie nicht in Selbstzweifeln: Unterwerfen Sie sich nicht dem Mobber, sondern machen Sie ihm klar, dass er Grenzen überschreitet
	Bleiben Sie respektvoll gegenüber den Mobbern: Lassen Sie sich keinesfalls provozieren, damit bieten sie keine Angriffsfläche
	Hören Sie dem Mobber zu: Weichen Sie Vorwürfen und Drohungen aus. Sie erhalten wichtige Hinweise, was er plant
	Bewahren Sie Sicherheitsabstand: Berühren Sie den Mobber nicht, sondern meiden Sie Körperkontakt
	Überraschen Sie den Mobber: Oft hilft auch ein offenes Gespräch unter vier Augen mit dem Vorgesetzten. Fragen Sie sachlich, warum Sie keine Informationen mehr erhalten. Beharren Sie auf eine Antwort und beenden Sie das Gespräch von sich aus.
	Holen Sie Unterstützung hinzu: Ursachen mit externen Verbündeten aufarbeiten. Das können sein Mobbing-Berater, Personalräte, Vertrau-enspersonen, Coaches, Sozialberater

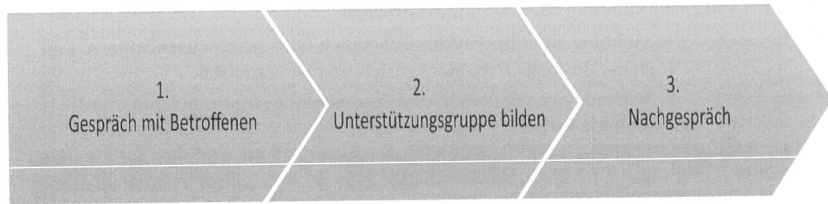

Abb. 3.1 No-Blame-Ansatz. (Quelle: Eigene Darstellung)

Die Gespräche helfen, dass die Mobber ihre Handlungen unterlassen. Denn der Berater nimmt die Beteiligten direkt in die Pflicht und stärkt so die Wirkung. Für ein Einzelgespräch sind 5–10 min anzusetzen. Es geht, allerdings nicht um Kontrolle. Vielmehr interessiert den Berater, wie sich die Situation für den Betroffenen verändert hat. Der dritte Schritt gibt Sicherheit in der Einschätzung der Situation, sorgt für Verbindlichkeit und verhindert, dass die Mobbing-Handlungen wieder aufgenommen werden (Blum und Beck 2012).

3.1 Gewaltfrei kommunizieren: So geht's

Veränderung beginnt damit, mit seinen Gefühlen ehrlich umzugehen. Virginia Satir

Marshall Rosenberg hat selbst viele Erfahrungen mit Ausgrenzung gesammelt. Der Psychologe erkannte dadurch, dass Gewalt bei der Sprache beginnt. In seiner Kindheit, die er während des 2. Weltkriegs in den USA verbrachte, wurde er gemobbt, weil er Jude war. Wenn er in seiner Kindheit Trost suchte, hörte er von seinen Eltern und Großeltern Sätze wie: „Sei froh, dass Du in den Vereinigten Staaten lebst. In Deutschland hätten sie dich schon längst in einen Ofen gesteckt. (Rosenberg 2004, S. 155)". So entwickelten sich erste Feindbilder in ihm.

In den frühen 1960er Jahren setzte er sich mit der amerikanischen Bürgerrechtsbewegung auseinander und entwickelte das Programm der Gewaltfreien Kommunikation. Damit bewirkte er, dass Rassentrennungen an Schulen und öffentlichen Einrichtungen gewaltfrei rückgängig gemacht wurden. Ab Mitte der 1980er Jahre besuchte er regelmäßig Deutschland und gab Seminare. Diese stießen auf reges Interesse. Daher hat die Gewaltfreie Kommunikation ihre Wurzeln in der Friedensbewegung. Denn Friedensaktivistinnen wie Isolde Teschner luden ihn regelmäßig nach München ein, wo er den gewaltfreien Weg weitergab (Bitschnau 2011).

Durch seine Reisen nach Deutschland lernte er, tief sitzende Feindbilder aus seiner Kindheit hinter sich zu lassen und umzuwandeln. „Nach Deutschland zu kommen, an den Ort des Grauens für mich als Kind und mit solcher Wärme aufgenommen zu werden. Es gibt mir Hoffnung", sagt er in einem Interview (Rosenberg 2004, S. 156). Vor rund 30 Jahren hat er damit eine neue weltweite Versöhnungsbewegung ausgelöst. Wie ihm dies gelang, macht dieser Fall deutlich.

Aufgelesen

Als Marshall Rosenberg einmal in ein palästinensisches Flüchtlingslager kommt, beginnt ein Mann zu schreien, „Mörder!" Unverzüglich stimmen weitere Flüchtlinge ein und brüllen im Chor, „Attentäter! Kinderkiller! Mörder!". Der jüdisch-amerikanische Konflikttrainer kommt mit dem Mann in einen Dialog indem er frägt: „Ärgern Sie sich, weil Sie möchten, dass meine Regierung ihre Mittel anders einsetzt?" Am Ende lädt derselbe Mann den Gründer der Gewaltfreien Kommunikation zu sich nach Hause zum Essen ein (Rosenberg 2012).

Mobbinghandlungen einfach zu ignorieren, ist keine Lösung. Deshalb basiert das Programm auf vier Elementen: Beobachten, Einfühlen, Bedürfnisse klären, Bitte stellen (Abb. 3.2). Um Mobbing zu bewältigen, ist es wichtig, dass wir unsere schmerzauslösende Kommunikation ändern. Bei der gewaltfreien Kommunikation erfüllen wir eigene Anliegen, möglichst ohne den Gegenüber auszugrenzen. So lassen sich befriedigende Beziehungen aufbauen und erhalten. Gewaltfreie Kommunikation bedeutet also, eine einfühlsame Haltung einzunehmen, die auf gegenseitigen Respekt und gegenseitiger Wertschätzung basiert.

3.1.1 Erstes Element: Beobachten statt bewerten

Sobald wir Beobachtung von der Bewertung trennen, hört unser Gesprächspartner keine Kritik. Denn beobachten ist vergleichbar mit einem Dokumentarfilm. Was in der Situation passiert, bleibt unkommentiert (Rosenberg und Molho 1998).

Beispiel

„Der Patient hat beim Frühstück dreimal das Besteck fallenlassen". Falls der Satz lautet: „Der Patient ist einfach zu dusslig, um zu essen", bewertet der Praktiker. Er folgert, interpretiert, denkt und urteilt. Solche Bewertungen grenzen Menschen aus, worauf sie dann oft sauer reagieren.

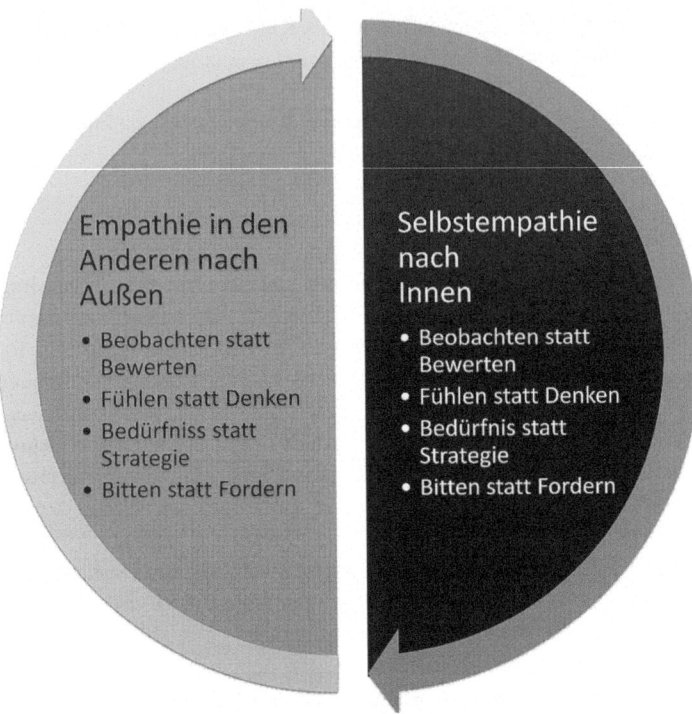

Abb. 3.2 Empathie nach innen und nach außen. (Quelle: Eigene Darstellung, angelehnt an Marshall Rosenberg) (2012)

Wesentlich ist, dass Beobachtete im Kern zu benennen. Dabei setzen wir unsere fünf Sinne ein. Sehend, hörend, riechend, schmeckend und tastend erkunden wir die Welt. Welche Inhalte hören Sie den anderen sagen? Welches Handeln sehen sie? Dies gilt es, genau zu beschreiben. Der Beobachter nennt und beschreibt kurz den Auslöser. Ohne den ganzen Kontext herum. Denn Probleme schafft vor allem die Bewertung der Umstände. Akzeptieren hilft hingegen, Probleme zu bewältigen. Leidvolle Auseinandersetzungen lassen sich klären indem Gedankenmuster aufgelöst werden, die zu Ärger, Depression und Gewalt führen. Deshalb ist das erste Element der Gewaltfreien Kommunikation, die Sache zu beobachten, ohne sie zu bewerten.

Tab. 3.2 Grundgefühle und sekundäre Gefühle

Grundgefühle	Sekundäre Gefühle
Angst	Schuld
Ekel	Stolz
Freude	Neid
Überraschung	Eifersucht
Ärger	Mitgefühl
Trauer	Dankbarkeit

3.1.2 Zweites Element: Fühlen statt denken

Erfreut, beruhigt oder entspannt fühlen wir uns, wenn sich etwas erfüllt, was jemand braucht. Wenn sich etwas nicht erfüllt, sind wir erschöpft, enttäuscht oder entmutigt. Wer Gefühle genau wahrnimmt und ausdrückt, erhöht seine Chance zu bekommen, was er braucht.

Es gibt sechs Grundgefühle, die weltweit unabhängig von der Kultur sind (Ortony und Turner 1990). Die sekundären Gefühle sind hingegen abhängig vom kulturellen Kontext (Tab. 3.2).

Gedanken von Gefühlen unterscheiden Gedanken werden oft mit Gefühlen verwechselt. Sie werden deshalb auch als Pseudogefühle oder Opfergedanken bezeichnet. Menschen in einer einfühlsamen Haltung übernehmen selbst Verantwortung für ihr Leben, sobald sie Sätze sagen wie: „Ich fühle mich hilflos". Im Gegensatz zu echten Gefühlen steht unser Denken, wir seien Opfer.

> **Beispiel**
>
> „Ich fühle mich gemobbt", ist ein Satz der wie ein Gefühlsausdruck klingt, doch eigentlich einen Opfergedanken ausdrückt (Basu und Faust 2010): „Der mobbt mich". In gewaltfreie Alltagssprache übersetzt, könnte der Satz lauten: „Ich bin sauer, weil mir Respekt wichtig ist."
>
> Also nicht: „Ich werde von Margot unterdrückt", sondern: „Ich bin irritiert."
>
> Statt: „Du wirst ausgenutzt?" Besser: „Fühlst du dich hilflos?"

Gefühle ereignen sich hier und jetzt. Sobald wir Gefühle genau wahrnehmen und ausdrücken, entwickeln wir Achtsamkeit gegenüber uns selbst und anderen.

Abb. 3.3 Gedanken und
Gefühle. (Quelle: Eigene
Darstellung, angelehnt
an Rosenberg und Molho
(1998))

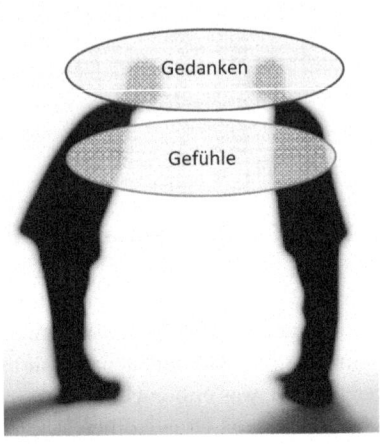

Was bringt Menschen dazu, andere auszugrenzen? Warum gibt es Menschen, die anderen helfen? Warum gibt es Menschen, die andere töten? Mit solchen Fragen hat sich Marshall Rosenberg intensiv beschäftigt. Die Antwort ist, wer Gefühle verdrängt, erzeugt Opfergedanken und wird unsicher. Denn jede Verdrängung löscht einen Teil unseres wirklichen Selbst aus. Das verdrängte Gefühl wird durch ein Pseudo-Gefühl ersetzt. Dieser Verlust des tatsächlichen Gefühls erzeugt im Menschen einen Zustand intensiver Unsicherheit (Fromm 1966). Um Mobbing zu bewältigen, ist es deshalb zentral, eigene Gefühle zu erfahren. Ein intelligenter Umgang mit den eigenen Gefühlen und denen der anderen lässt sich allerdings lernen.

Gefühle geben außerdem Auskunft über unsere Lebenslage. Trauer und Freude informieren uns, ob unsere Bedürfnisse erfüllt worden sind. „Gefühle und Bedürfnisse sind nicht voneinander trennbar. Bedürfnisse werden durch Gefühle sichtbar, erkennbar. Darin liegt die Bedeutung von Gefühlen", sagt Konflikttrainer Marshall Rosenberg (2004). Die Abb. 3.3. zeigt die Trennung zwischen Gedanken und Gefühlen, die unsere lebensentfremdete Kommunikation kennzeichnet. Das Ziel der Gewaltfreien Kommunikation liegt darin, beide Teile wieder in unsere Sprache zu integrieren.

3.1.3 Drittes Element: Bedürfnisse erkennen statt Strategien folgen

„Weil ich es selbstbestimmen möchte!" Wer sich so äußert, drückt vermutlich sein Bedürfnis nach Freiheit oder Selbstbestimmung aus. Ein Mensch hat in jedem Moment Bedürfnisse, die sich durch Gefühle bemerkbar machen. Bedürfnisse sind unabhängig von Zeit, Ort oder Person.

Obwohl Menschen das gleiche brauchen, stehen sich die Bedürfnisse verschiedener Individuen nie entgegen, sondern lediglich die Strategien. Falls jemand Betroffene beteiligen möchte, macht es Sinn Bedürfnisse eindeutig von Strategien zu trennen. Strategien sind Wege, um unsere Bedürfnisse zu erfüllen. Während der Mercedes vor der Tür eine Strategie darstellt, ist Essen oder Kontakt ein Bedürfnis. Ein Auto wird strategisch genutzt, um Nahrung zu beschaffen, oder es bringt uns nach Hause. Falls wir unsere Lieblingsstrategie durchprügeln, entstehen Widerstände. Denn Menschen lassen sich ungern fremdbestimmen. Wenn wir einer bestimmten Strategie folgen, schränken sich unsere Lösungsmöglichkeiten ein. Denn Strategien schreiben konkrete Lösungen vor.

Beispiel

Jemand braucht Schutz. Die Strategie, um sein Anliegen zu erfüllen ist: Er macht ein Schloss für die Tür und sperrt zu. Um seine Bedürfnisse nach Austausch, Kontakt oder Verbindung zu erfüllen, setzt er auf Strategien wie telefonieren.

Bedürfnisse können Sie mitteilen, sobald Sie Ihnen bekannt sind. Somit steigen Ihre Chancen, dass jemand sie erfüllt. Wer seine Anliegen kennt, sagt anderen, was er braucht, anstatt ihnen Vorwürfe zu machen (Bitschnau 2011). Hinter jeder Mobbinghandlung, stecken unerfüllte Bedürfnisse, wie Wertschätzung, Respekt, Selbstbestimmung oder Verständnis. Sobald das Bedürfnis verstanden wird, wirkt das entspannend.

Unerfüllte Grundbedürfnisse schwächen uns jedoch. Deshalb ist es wichtig, sie befriedigt zu bekommen. Bedürfnisse, die wir Menschen teilen, sind laut dem deutsch-chilenischen Ökonomen Manfred Max-Neef: Lebenserhaltung, Selbstbestimmung, Schutz, Liebe, Teilhabe, Identität, Kreativität, Muße, Freiheit (Neef et al. 1990) (Abb. 3.4).

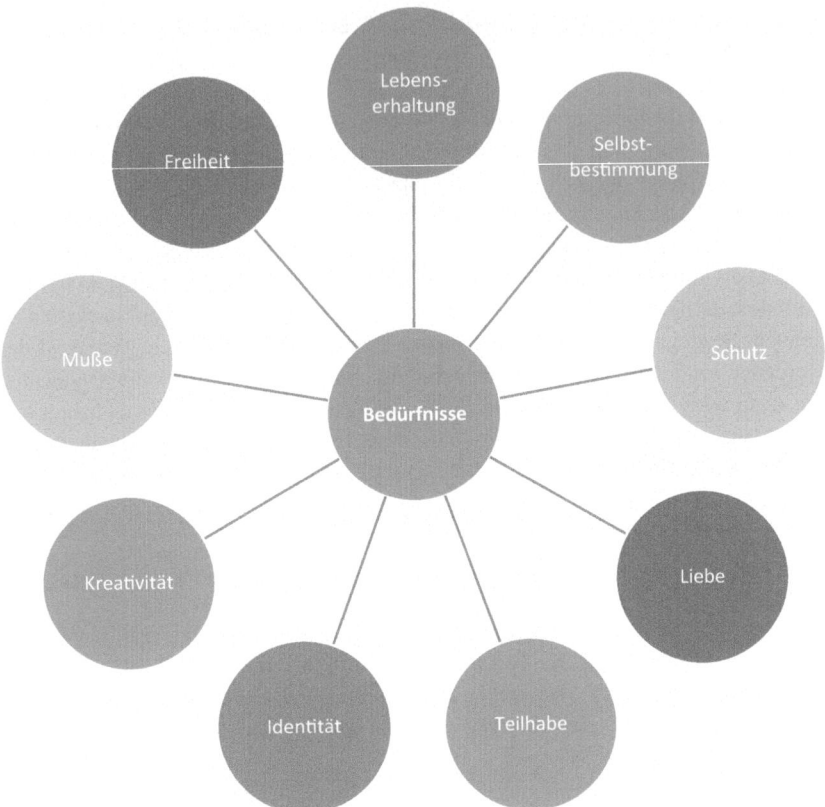

Abb. 3.4 Gemeinsame Bedürfnisse nach Manfred Max-Neef. (Quelle: Eigene Darstellung, angelehnt an Manfred Max-Neef)

3.1.4 Viertes Element: Bitten stellen statt fordern

Falls jemand keine Bitten äußert, bleibt unser Anliegen oft unerfüllt. Bei der Bitte geht es darum, was der andere tun kann, um meine Lebensqualität zu verbessern. Ein wichtiger Aspekt ist dabei, ob der Gesprächspartner es auch tun möchte. Bitten sind nämlich keine Forderungen. Ob es sich um eine Bitte oder Forderung handelt, lässt sich durch die Reaktion auf eine verneinte Bitte erkennen (Pászor und Gens 2004).

> **Beispiel**
>
> Pfleger bittet freundlich: „Wären Sie bitte bereit sich an den Tisch zu setzen."

Woran lassen sich Forderungen erkennen? Forderungen enthalten zwar wie Bitten auch Informationen was unserer Meinung nach geschehen sollte, doch gerne verknüpfen wir Forderungen mit Drohungen oder Belohnungen, damit Sie auch ausgeführt werden. An solchen Zusätzen lassen sie sich von Bitten unterscheiden.

> **Beispiel**
>
> Pfleger fordert: „Wenn Du Dich nicht sofort zu Tisch setzt, ist das Abendessen für Dich gestrichen!"

Mit Sprache teilt jemand mit, wie es ihm geht, was er braucht. Wirksame Bitten sind hier und jetzt erfüllbar. Der Gesprächspartner kann sie ohne Folgen verweigern.

Auch ein Wunsch unterscheidet sich von einer Bitte. Denn während die Bitte im Augenblick erfüllbar ist, ist es ein Wunsch erst in der Zukunft.

> **Beispiel**
>
> „Bitte sag mir, was bei dir angekommen ist".

Wie lassen sich Beziehungsbitten von Handlungsbitten unterscheiden?
Bei der Beziehungsbitte steht das Verstehen im Zentrum.

> **Beispiel**
>
> „Wie geht's dir damit?"
> „Magst du hören, wie es mir damit geht?"

Bei Handlungsbitten hingegen geht es um konkrete Aktionen.

> **Beispiel**
>
> „Wärst du bereit etwas zu tun?"

Abbildung 3.5 fasst die wesentlichen Elemente der Gewaltfreien Kommunikation zusammen: Beobachtung, Gefühl, Bedürfnis und Bitte. Die Darstellung zeigt darüber hinaus ihre zwei wesentlichen Bereiche. Diese sind Aufrichtigkeit (d. h. ausdrücken was ich beobachte, fühle, brauche und bitte) und Empathie (d. h. hören was die andere Person beobachtet, fühlt, braucht und bittet).

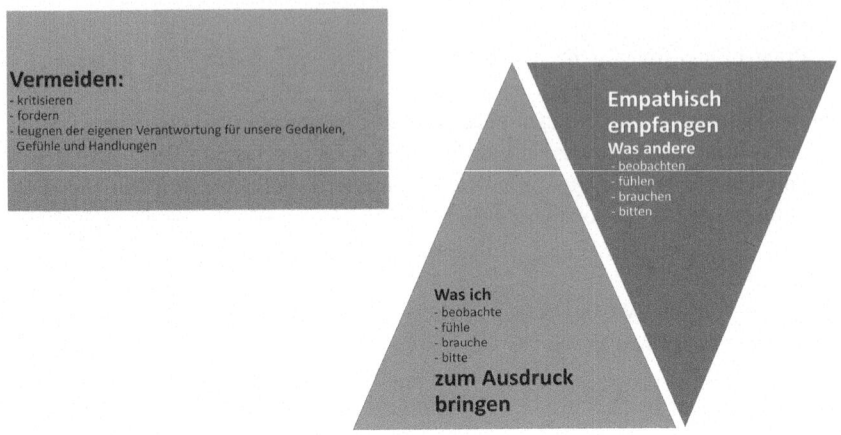

Abb. 3.5 Vier Elemente der Gewaltfreien Kommunikation. (Quelle: Eigene Darstellung, angelehnt an Rosenberg und Molho)

3.1.5 Die Position des Anderen einnehmen

Schuldzuweisungen machen keinen Sinn. Sobald jemand Schuld hört, kommen schnell Gedanken auf wie: „Ich habe versagt." Eine Schuldzuweisung ist seelische Gewalt, die sich gegen sich selbst oder gegen andere richtet. Wie kommen wir aus solchen Schuldfallen?

Praxisbeispiel

Hermann quälen Schuldgefühle. Die ganze Verwandtschaft kritisiert ihn, weil er seinen pflegebedürftigen Vater ins Heim einweisen will. Mit seiner Familie streitet er oft, weswegen er eine Beratungsstelle aufsucht. Dort möchte Hermann seinen Fall besprechen: Mit der Betreuung zu Hause ist er überfordert und seine Familie möchte Ruhe haben. Wie kann Hermann damit fertig werden? Er sieht keinen anderen Weg und weist den Vater stationär ein. Nun verurteilt er sich selbst: „Ich habe versagt. Ich schiebe meinen Vater ins Heim ab."

Wer Empathie trainiert, lernt die eigenen Gefühle und Bedürfnisse wahrzunehmen. Darüber hinaus gelingt es ihm leichter, sich in Gefühle und Bedürfnisse der anderen Person hineinversetzen. Denn auf eine Aussage unseres Gesprächspartners können wir unterschiedlich reagieren:

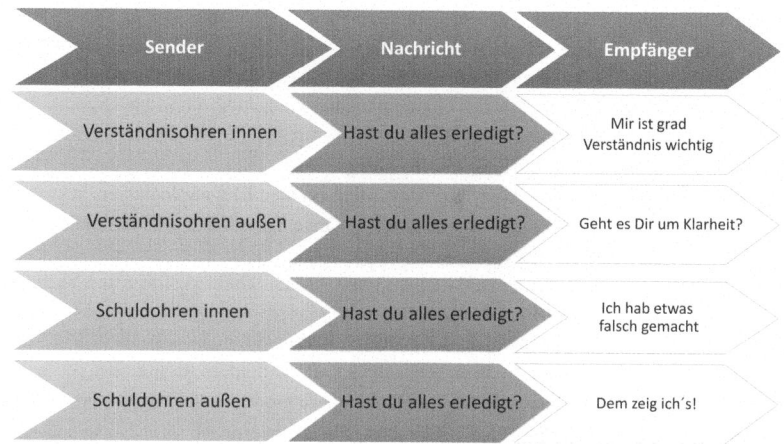

Abb. 3.6 Schuld- oder Verständnisohren. (Quelle: Eigene Darstellung)

1. Wir geben uns selbst die Schuld.
2. Wir geben jemand anderen die Schuld.
3. Wir erkennen eigene Gefühle und Bedürfnisse.
4. Wir nehmen die Gefühle und Bedürfnisse der anderen Person wahr.

Falls es gelingt, sich in den Standpunkt des anderen einzufühlen, entspannt sich die Mobbing-Situation. Das Verstehen, weshalb ein anderer Mensch so gehandelt hat, hilft ihm, sich von der Wut zu lösen. Dabei kann sogar tiefe Erfüllung entstehen. Schuldzuweisungen bringen nichts. Im Klärungsgespräch geht es nicht darum, wer Recht hat. Damit gießen wir nur Öl ins Feuer. Niemand braucht sein Gesicht verlieren. Lassen Sie allerdings zu, dass die Beteiligten ihrem Ärger Luft machen. Produzieren Sie aber keine Verlierer!

In einer Übungsgruppe lässt sich im Vorfeld eine solche Situation durchspielen. Die Teilnehmenden erspüren Hermanns Bedürfnisse und geben ihm Rückmeldung. Wenn er sagt, er schiebe seinen Vater ins Heim ab, liegt womöglich ein Bedürfnis nach Kontakt vor. Dies gilt es zu prüfen. „Geht es Dir um Kontakt?". Später ist es wichtig, den Schmerz anzunehmen. So lässt sich der Selbstrespekt wieder herstellen. In Abb. 3.6 sind unterschiedliche Reaktionsmuster dargestellt. Wir können auf die gleiche Nachricht empathisch oder nicht-empathisch reagieren. Bei einer empathischen Reaktion sind unsere Verständnisohren entweder nach innen oder außen gerichtet und auch bei einer nicht-empathischen Reaktion hören wir Schuldzuweisungen oder machen welchen. Die Schuldohren sind also nach innen oder außen gerichtet.

Tab. 3.3 Checkliste Gewaltfreie Kommunikation

Was ist das?	Gewaltfreiheit ist eine Haltung, die ermöglicht, Verantwortung für das eigene Wohlbefinden und das anderer zu übernehmen.
Was ist der Plan?	Bedürfnisse des Gegenübers berücksichtigen und gleichzeitig für die eigenen einstehen.
Was tun?	*Praxistipps für die Beratung*:
	1. Nicht kämpfen: Vertrauen, eigenen Ehrgeiz loslassen.
	2. Respektvoll formulieren: Ohne Vorwürfe, Unterstellungen, Forderungen.
	3. Störungen Vorrang einräumen: Blitzlicht-Abfrage, um Störungen zu erkennen.
	4. Vermuten statt Beurteilen: Beobachtung beschreiben.
	5. Verantwortung: Ich Botschaft, statt: „Das tut man so…"
	6. Körpersignale beachten.
Checkliste	Was haben Sie beobachtet (ohne Bewertung)?
	Welches Gefühl löst das in Ihnen aus? (Ohne Opfergedanken)
	Was ist ihnen wichtig (Benennen Sie das Bedürfnis)? Und
	Was wollen Sie? Welche Bitte können Sie stellen?
Weitere Elemente	*Grundsätze*:
	1. Schildern Sie Ihre konkrete Beobachtung der Situation: „In der letzten Woche habe ich Sie vier Mal um 9.00 Uhr eintreffen sehen. Vereinbart war 8.30 Uhr."
	2. Bringen Sie die Beobachtung mit einem Gefühl in Verbindung: „Das irritiert mich."
	3. Teilen Sie Bedürfnisse mit, die mit Ihrem Gefühl in Verbindung stehen. „Ich würde gerne sicher sein, dass ich morgen pünktlich das Haus verlassen kann, weil ich einen Termin um 10:00 Uhr wahrnehmen möchte."
	4. Stellen Sie Bitten: „Können Sie mir sagen, wir das zusammen hinbekommen?

Info: Annahmen in der Gewaltfreien Kommunikation

Grundlage der Gewaltfreien Kommunikation sind die Annahmen (Rosenberg 2012), dass:

- Menschen danach streben, ihre Anliegen erfüllt zu bekommen.
- jedes Verhalten der Versuch ist, ein Bedürfnis zu erfüllen.
- Menschen in guten Beziehungen leben, sobald sie diese Bedürfnisse durch Zusammenarbeit statt durch aggressives Verhalten erfüllen.
- alle Menschen bemerkenswerte Fähigkeiten haben, die ihnen erfahrbar werden, wenn sie einfühlend mit ihnen in Kontakt kommen.
- jedes Bedürfnis dem Leben dient und es deshalb keine schlechten Bedürfnisse gibt.
- Menschen soziale Wesen sind und in vielen ihrer Bedürfnisse voneinander abhängig sind.

Tabelle 3.3 zeigt eine Checkliste zur Umsetzung von gewaltfreier Kommunikation.

▶   **Bitte beachten Sie** Gespräche benötigen meistens wenig Lenkung. Ratschläge wie „ich würde mal versuchen", belasten. Denn jemand gibt durch solche Belehrungen nur seine eignen Vorgaben weiter. Erspüren Sie Bedürfnisse und finden Sie mögliche Bitten. Das ist wichtig. Bleiben Sie sprachlich und thematisch in der Gegenwart.

▶   **Übung: Selbstempathie** So können Sie sehr effektiv Ihr Innenleben durchforsten oder sich auf ein wichtiges Gespräch vorbereiten, damit Sie nicht aus der Haut fahren.

1. Hat Sie in den letzten Tagen, Wochen oder Monaten etwas geärgert? Überlegen Sie sich eine Situation. Es muss nicht gleich der Monster Ärger sein, eine Situation, die Sie gestört hat, genügt.
2. Gehen Sie in sich und schreiben Sie auf, welche Gefühle neben dem Ärger noch ausgelöst wurden. Lassen Sie sich Zeit. Gefühle ändern sich.
3. Wenden Sie die vier Elemente (Beobachtung, Gefühl, Bedürfnis, Bitte) an.

Unter Tab. 3.4 finden Sie eine Checkliste zum Umgang mit Ärger.

3.2 Mobbing-Glaubenssätze ändern

Die meisten Menschen sehnen sich in Wirklichkeit gar nicht nach einem Leben im Schlaraffenland, sondern nach einem Leben voller Abenteuer und innerem Wachstum. Chris Guillebeau

Glaubenssätze sind uns anerzogen. Durch Eltern, Geschwister, Lehrer, Kindergärtneri. Oft schaden sie uns. So werfen Sie Glaubenssätze über Bord (Bsp. für Glaubenssätze, Abb. 3.7).

Praxisbeispiel

Das ist der falsche Ton! Eine Lehrerin machte mir in meiner Schulzeit deutlich, dass ich talentfrei in Bezug auf Singen bin. In meiner Kindheit glaubte ich, dass sich da nichts machen lässt und gab deswegen meine damalige Lieblingsbeschäftigungen Singen und Gitarre spielen auf. Vor kurzem begann ich wieder zu spielen und bekam von Freunden viele wertschätzende Worte. Heute sage ich mir: „Hätte ich doch schon eher den Glaubenssatz überprüft."

Tab. 3.4 Checkliste Ärger

Was ist das?	Unerfüllte Bedürfnisse, wie fehlende Anerkennung, lösen oft Ärger aus
Was ist der Plan?	Eigene Bedürfnisse erkennen und ausdrücken
Was tun?	*Praxistipps für die Beratung*:
	Erkennen Sie an, was Sie gut finden. Sagen Sie aber auch, falls Sie anderer Meinung sind
	Beteiligen Sie sich und suchen Sie nach einem gemeinsamen Nenner. Bleiben Sie flexibel: Formulieren Sie strittige Inhalte neu
	Bleiben Sie positiv. Rechtfertigen Sie sich nicht
Checkliste	Nehmen Attacken zu?
	Nehmen Sie Widerstand wahr? Bemerken Sie häufiger Widerspruch oder geringe Ansprechbarkeit? Besteht keine Einsicht in die Notwendigkeit?
	Bemerken Sie Fluchttendenz, wie Vermeiden von Kontakten?
	Ist ihr Gegenüber überkonform? Zeigt er überangepasstes Verhalten oder falsche Freundlichkeit?
Weitere Elemente	*Grundsätze*:
	Bei Ärger: Atmen Sie tief ein, damit Sie nicht gleich aus der Haut fahren, d. h. nicht gleich laut werden.
	Die urteilenden Gedanken identifizieren
	Mit den eigentlichen Bedürfnissen sich innerlich verbinden
	Gefühle und unerfüllte Bedürfnisse äußern

Glaubenssätze sind den Menschen oft gar nicht bewusst. Um sie zu ändern, besteht der erste Schritt darin, sie zu erkennen. Es lassen sich zwei Typen von Glaubenssätzen unterscheiden: Annahmen und Regeln.

Info: Typen von Glaubenssätzen

Annahmen: Oft beginnen wir mit behauptenden Glaubensätzen. Wir glauben: Man soll/muss beispielsweise Vollzeit arbeiten. Jemand glaubt er sei talentfrei. Menschen wären selbstsüchtig. Das ganze Leben müsste aus Arbeit bestehen.

Regeln: Je mehr man die anderen unter Kontrolle behält, desto besser ist es. Wenn ich mich der Arbeit total hingeben würde, dann wäre mein Leben sicher. Es handelt sich dabei um Ursache –Wirkungsbeziehungen.

Was einem klar ist, kann er ändern. Um den Glaubenssatz loszuwerden, ist es notwendig an ihn zu zweifeln. Hierzu sind folgende Fragen hilfreich: Wer profitiert

„Ein Ultimatum ist ein gutes Mittel, um Auseinandersetzungen zu beenden." „Auf Gemeinheiten kann man nur mit Empörung reagieren."	„Geld und Erfolg sind das Patentrezept zum Glück." „Je mehr man die anderen unter Kontrolle behält, desto besser ist es."	„Freundlichkeit bezwingt Unfreundlichkeit." „Sei nicht egoistisch, kümmere dich zuerst um die anderen."	„Das Leben muss/sollte fair und gerecht sein". „Es gibt einen gerechten Krieg."

Abb. 3.7 Beispiele für Glaubenssätze (Lazarus et al. 2012)

davon? Wurde der Glaubenssatz von wichtigen Bezugspersonen übernommen? Wovor soll mich der Glaubenssatz hindern oder schützen?

Danach werfen wir den Glaubenssatz über Board oder ändern ihn. Hilfreiche Fragen sind dann: Wie lautet die umgekehrte Ansicht des Glaubenssatzes? Wie sieht ein lebensdienlicher Glaubenssatz aus? Welche Bilder unterstützen den neuen Satz?

▶ **Wichtig** Viele Menschen leben mit dem Glaubenssatz, dass jemand aus einer schlechten Absicht heraus handelt. Dabei wollen Menschen oft einfach selbst entscheiden.

▶ **Bitte beachten Sie** Wenn uns jemand im Kindesalter ständig maßregelt, entstehen Glaubenssätze, wie „Die Bedürfnisse der anderen sind wichtiger als meine". Prüfen Sie deshalb, ob Sie Ihren Glaubenssatz von früher kennen. Fragen Sie sich: Woher kommt Ihnen das bekannt vor?

Aufgrund mancher Glaubenssätze verlernen wir auch, menschlich zu handeln. Freude ist nicht mehr der Beweggrund unseres Lebens. Lieber kümmern wir uns um Status-Interessen. Fokussiert auf Überwachung und Kontrolle entwickeln Menschen unterschiedliche Verhaltensweisen, die diese Mobbingkultur stützen.

Praxisbeispiel

Kollege Herbert, 17, besucht ein vorgeschriebenes Praktikum am städtischen Pflegeheim. Schwester Marie ist für die Ausbildung zuständig. Er geht mit den Bewohnern spazieren, spielt Mensch ärgere Dich nicht oder liest mit ihnen Zeitung. Die Patienten und Schwester Marie sind froh über die Unterstützung und überzeugt, dass er gute Arbeit leistet.

Nur Margot sieht das anders. Ihr gefallen die langen Rastahaare des Schülers nicht. Sie glaubt, wer so aussieht, hat in einer Arbeit mit Patienten nichts verloren. Sie möchte ihn daher nicht mehr einsetzen. Ihre Begründung lautet: Wenn wir jemand mit solchen Haaren arbeiten lassen, dann ist das eine Ungleichbehandlung. Dann dürfen wir das nächste Mal auch niemanden mehr verbieten, ein Kopftuch zu tragen.

Ist das der tatsächliche Grund? Den wahren Hintergrund kann Margot leider nicht erkennen. Der liegt vielmehr an einem ihrer Glaubenssätze. Dieser hat es sich tief im Unbewussten bequem gemacht. Womöglich hat Margot Sorge um den Leumund der Station. Sie befürchtet, dass Rastahaare Kunden vergraulen. Doch Herbert möchte sich nicht seine Frisur vorschreiben lassen.

Schwester Marie weiß, dass sie nicht viel machen kann. Die Entscheidung wird sie akzeptieren, auch wenn ihr der Schüler leidtut. Daher respektiert sie die Entscheidung. Denn sie weiß, dass er ein guter Junge ist, der seinen Weg machen wird.

Für Margot bedeutet Arbeit: Kampf! Die Einrichtung ist ihr Werkzeug, um ihre Karriereziele zu erreichen. Führung heißt für Margot Kontrolle. Der Gedanke, ihren Mitarbeiter zu dienen, ist ihr fremd. Sie glaubt Mitarbeiter lassen sich über Angst motivieren. Wer Visionen hat, solle zum Arzt gehen. Ihre Mitarbeiter sind ihre Kinder, nicht ihre Partner. Wandel ist für sie über schmerzhafte Einschnitte wie Entlassungen möglich. An Wandel durch Wachstum glaubt sie nicht. Sie glaubt Arbeit muss mühsam sein und darf keinen Spaß machen.

Im Sozialwesen glauben viele, dass Menschen egoistisch und maßlos sind. Dort zwingen Chefs Menschen zum gehorsam. Mit der Führung werden die Besseren beauftragt. Daraus entsteht ein autoritäres System, das Menschen bestraft und belohnt. Dort leben Menschen mit dem Glaubenssatz, dass jemand aus einer schlechten Absicht heraus handelt.

> ▶ **Bitte beachten Sie** Um einen Glaubenssatz über Bord zu werfen, hilft es Ihnen den Satz umzudrehen. Anstatt: „Ein Ultimatum ist ein gutes Mittel, um Auseinandersetzungen zu beenden", sagen Sie sich: „Ein Ultimatum ist ein schlechtes Mittel, um Auseinandersetzungen zu beenden".

Solche ängstigenden Ideen bedrängen Menschen dann. Sie schaffen es aber nicht, Glaubenssätze loszulassen. Die Beatles können helfen. Sie werfen musikalisch eindrucksvoll Glaubensätze in ihrem Song Help 1965 über Bord:

> Als ich jünger war, so viel jünger als heutzutage brauchte ich niemals Hilfe von irgendjemand auf irgendeine Art. Doch nun sind diese Tage vergangen. Ich bin nicht mehr so selbstsicher. Nun merke ich, dass ich meine Haltung geändert habe.

Wenn es um Mobbing geht, glauben viele Menschen: Der Betroffene sei selbst schuld. Das regeln die Kollegen besser unter sich. So etwas gibt es woanders, bei

Tab. 3.5 Checkliste Glaubenssätze

Was ist das?	Glaubenssätze sind Lebensregeln, die Menschen für wahr halten. Oft sind es Interpretationen und Verallgemeinerungen aus früheren Erlebnissen oder individuellen Theorien
Was ist der Plan?	Ängste überwinden: Angemessene Risikoabschätzung aufbauen (in einer konkreten gewalttätigen Situation)
Was tun?	*Praxistipps für die Beratung:*
	1. Verantwortung übernehmen
	2. Rollenschemata in Hinsicht auf Sicherheit und Gesundheit aufbauen
	3. Ärger beachten und bewältigen
Checkliste	Wer profitiert davon?
	Wurde der Glaubenssatz von wichtigen Bezugspersonen übernommen?
	Wovor soll Sie der Glaubenssatz hindern oder schützen?
	Wie lautet die umgekehrte Ansicht des Glaubenssatzes?
	Wie sieht ein lebensdienlicher Glaubenssatz aus?
	Welche Bilder unterstützen den neuen Satz?
Weitere Elemente	*Grundsätze:*
	1. Glaubenssatz erkennen: Schauen Sie über den Tellerrand hinaus, und betrachten Sie die gesamte Situation
	2. Glaubenssatz analysieren: Machen Sie sich klar, welchen Beitrag Sie zur Wirksamkeit Ihres Lebens leisten. Klären Sie Ihre Aufgaben
	3. Glaubenssatz bezweifeln: Achten Sie auf eine klare Themenstellung
	4. Glaubenssatz über Bord werfen oder Glaubenssatz ändern: Verschaffen Sie sich Handlungsspielraum. Denn das „wie" ist Ihre Sache

uns nicht. Das ist normal, überbewertet oder ein Modethema. Solche Glaubenssätze machen Menschen aber zu passiven Mittätern.

Sobald wir in der einfühlsamen Haltung sind, übernehmen wir Verantwortung für eigenes Tun. Wir denken: „Ich entscheide mich, dem Gesetz zu folgen, weil mir Ordnung wichtig ist!". Im Gegensatz dazu: „Im Gesetz steht, deswegen muss ich den Befehl ausführen". Leute handeln mit weiser Hand zur rechten Zeit, sobald sie einfühlsam miteinander reden.

Tabelle 3.5 zeigt eine Checkliste zur Erkennung und Änderung von Glaubenssätzen.

3.3   Wenn es an Empathie mangelt

Wir können die Probleme nicht auf demselben Niveau des Denkens lösen, auf dem wir waren, als wir sie erschufen. Albert Einstein

Helfen unter schwierigen Bedingungen belastet viele Praktiker. Es fehlt an Zeit. Die Arbeit im Sozialwesen ist nicht nur finanziell, sondern auch emotional belastend: Mobbing, innere Kündigung und Erschöpfungszustände begleiten meist den Arbeitsalltag. Hauptsächlich mangelt es neben Personal an Menschlichkeit. Dies gilt sowohl für Heime, als auch für die westliche Gesellschaft. „Wir haben nicht nur ein Finanzdefizit, sondern vor allem ein Empathie-Defizit", sagt Barack Obama im Jahr 2006, „sich in die Schuhe eines andern zu stellen und die Welt aus seinen Augen sehen, das ist das, worum es geht!" erläutert der US-Präsident weiter (Obama 2006). Damit teilt er die Ansicht von Therapeuten wie Carl Rogers oder Marshall Rosenberg. Denn die zentralen Bausteine ihrer Programme liegen im Einfühlen in uns selbst und den Gesprächspartner. Sobald Leute Gefühle wahrnehmen, wirken sie dem Empathie-Defizit entgegen.

Ein einfühlsamer Mensch schafft es, sich in die Lage eines ihm fremden Menschen zu versetzen. Natürlich gibt es auch feinfühlige Persönlichkeiten in Einrichtungen. An diesen Zahnarztbesuch erinnert sich der Autor noch gut.

Praxisbeispiel

Bewohner Willy weiß nicht, welcher Tag heute ist. Sein Sprechen und Denken ist verlangsamt und sein Gedächtnis lässt nach. Seit gestern schmerzt einer seiner Zähne. Deshalb begleitet Schwester Marie ihn zum Zahnarzt. Dieser begrüßt ihn und blickt dann zur Zange. Daraufhin reagiert Willy panisch. Der Zahnarzt kann so nicht arbeiten. Er überlässt ihn Marie. Empathisch zuhören gehört zu ihren Stärken. Sie fühlt sich in Willy ein und beruhigt ihn: „Du glaubst, dass es gleich wehtut, stimmt's?", so beginnt sie das Gespräch. Willy murmelt, sie hört zu. Ihre Art beruhigt ihn. Nach zehn Minuten lässt sich Willy vom Arzt behandeln.

Schwester Marie richtet ihre Aufmerksamkeit auf den Betroffenen, ohne gleich nach Lösungen zu suchen. Wer sich einfühlt, bereichert das Leben des anderen. Das bedeutet aber nicht, dass jemand sein Selbst für den anderen hergibt. Schwester Marie gibt sich so, wie sie tatsächlich ist. Mit ihrem Innenleben ist sie vertraut. Sie offenbart sich, ohne sich zu verleugnen. Schwester Marie macht sich dabei nichts vor und ist sich und dem Gesprächspartner gegenüber ehrlich. Ein empathischer Mitarbeiter ist also menschlich greifbar. Aufgrund dieser Authentizität kann es auch mal zu Auseinandersetzungen kommen. Echte Beobachter bewerten jedoch nicht.

Info: Was Patienten wollen

Das Wichtigste für Patienten ist die Empathie. Menschlichkeit und Professionalität sind für Patienten die wichtigsten Attribute eines Arztes. Organisation, moderne Behandlungsmethoden und Technik spielen für sie dagegen eine weniger wichtige Rolle. Das zeigt die repräsentative Umfrage des Allensbach-Instituts mit rund 2000 Befragten:
  78 % wollen, dass ihr Arzt auf seine Patienten eingeht und seinen Beruf versteht.
  74 % der Patienten ist wichtig ist, dass sich ihr Arzt Zeit nimmt.
  73 % antworten, dass er die Behandlungen erklärt (Institut Allensbach 2006).

3.3.1   Empathie: Warum sie uns schwerfällt und was hilft

Empathie bedeutet für Carl Rogers, sich in die private Welt des Klienten einfühlen, als ob es die Eigene wäre, aber ohne die „als ob"- Beschaffenheit zu vergessen (Rogers 1973). Empathie verwechseln wir oft mit Mitleid. Sobald wir uns selbst oder wir jemand anderen Bemitleiden, richten wir allerdings unsere Aufmerksamkeit auf Urteile und bewerten ihn. Außerdem machen wir uns dann selbst runter, jammern und sind niedergeschlagen. Dabei entlädt sich unser Akku und wir landen im Burn-out, wenn wir so weitermachen.

Ich komme nun zur Frage, weshalb manche Menschen einfühlsamer sind, wie andere? Das hängt nach aktuellen Ergebnissen der Hirnforschung mit unseren Spiegelneuronen zusammen. Denn diese Nervenzellen werden erst aktiviert. Im 3.-4. Lebensjahr lernt das Kind sich wahrzunehmen. Falls Eltern ihre Kinder nicht vom ersten Tag an einfühlsam behandeln, tun sie sich später schwer Mitgefühl zu empfinden. Das bedeutet auch, dass wenn Menschen im Kindsalter durch Mobbing traumatisiert werden, sie später eher zu Gewalt neigen. Menschen brauchen eine Umwelt, die sie annimmt. Um gesund zu bleiben, brauchen wir Partner.

Info: Die nicht-direktive Beratung

Die nicht-direktive Beratung entwickelte Carl R. Rogers in den 1940er Jahren (Rogers 1994). Nicht-direktiv bedeutet, dass Gespräch so wenig wie möglich zu lenken, da der Berater sonst seine eignen Vorgaben festigt, aber nicht den Gesprächspartner. Das Konzept entstand aus der humanistischen Tradition heraus. Seit den 1960er Jahren hat sich dieses Vorgehen im Sozialwesen fest etabliert. Das Konzept basiert auf der Annahme, dass wir Menschen nach Selbstverwirklichung streben (= Aktualisierungstendenz). Der Klient besitzt bereits die Fähigkeiten, die zur Lösung seiner seelischen Probleme notwendig sind. Der Berater unterstützt ihn nur. Grundlegend für die einfühlsame Haltung des nicht-direktiven Beraters sind drei Aspekte: Wertschätzung, Empathie und Echtheit.

1. Betroffene wertschätzen: Der empathische Berater interpretiert nicht das Gesagte des Betroffenen. Er nimmt möglichst urteilsfrei wahr. Dabei ermutigt der Berater den Betroffenen und bekundet seine Solidarität. Dadurch erhält der Klient bedingungslose Wertschätzung und kann sich frei entfalten. Erbraucht keine unerwünschten Verhaltensweisen mehr zu zeigen. Für die Beratung ist allerdings aufrichtiger Respekt für den Betroffenen und dessen Ansichten notwendig, auch wenn sich die von den eigenen unterscheiden. Durch wohlwollende Akzeptanz gewinnt der Klient Vertrauen.

2. Sich in den Betroffenen einfühlen: Einfühlsam fasst der Berater die Gefühle des Betroffenen in Worte: „Sind Sie darüber traurig?" Der Körper des Beraters ist dem Betroffenen zugewendet. Er pausiert, stellt offene Fragen, formuliert Gesagtes um. Dadurch fokussiert er innere Zusammenhänge des Klienten. So fühlt sich der dieser verstanden und öffnet sich. „Wenn ich Du bin", lautet das Motto. Er schlüpft in die Schuhe des Betroffenen und versetzt sich in seine Situation.

3. Echt sein: Empathie und Wertschätzung darf nicht künstlich aufgesetzt sein. Deshalb ist der Grundsatz der Echtheit zentral in der nicht-direktiven Beratung.

▶ **Wichtig** Am Einfühlen führt kein Weg vorbei. Erst, wenn jemand genügend Empathie erhalten hat, kann er nach Wegen suchen.

3.3.2   Aktiv Zuhören – aber richtig

Das Wichtigste ist es, nie mit dem Fragen aufzuhören. Albert Einstein.

Beschreiben, Wiederholen und Nachfragen charakterisieren die Technik des aktiven Zuhörens. Der Berater stellt Fragen und interessiert sich für die Antworten. Im Vordergrund steht dabei die Sicht des Betroffenen. Auch wenn der Berater denkt, er müsse eine Idee einwenden, ist es trotzdem besser, unkommentiert wahrzunehmen.

Praxisbeispiel

Kollege Hermann ist Vierzig und Sozialpädagoge, kein Bürokrat. Vielleicht ist das der Grund, warum er bei den Bewohnern und Mitarbeitern so beliebt ist. Die Tür zu Hermanns Büro ist für die Anliegen der Angestellten und Patienten offen. Ihre Interessen werden gehört. Gespräche sind auf Augenhöhe möglich. Hermann kann Angestellte auch problemlos fragen, ob er sich von ihnen ein Fahrrad ausleihen kann. Wenn Hermann mal „Nein" sagt, dann kann das auch der Beginn eines Gesprächs sein. Die Anliegen von Klienten gehen auch mal in die Tiefe und werden vertraulich gehandhabt.

Er kennt die Missstände in der Einrichtung. Regelmäßig weisen Mitarbeiter darauf hin, dass sie überlastet sind. Deshalb möchte er Übungsgruppen einführen. Sobald er dies mit Margot bespricht, ignoriert sie ihn aber. Doch er gibt nicht auf und verfolgt seine Vision vom empathischen Gesprächskreis weiter.

Abb. 3.8 Komponenten empathischen Verstehens. (Quelle: Eigene Darstellung)

Worin liegt Hermanns Kunst? Die Kunst ist: Er gibt sich so, wie er ist. Dabei wirkt er natürlich. Arrogantes oder distanziertes Gehabe liegen ihm fern. Stattdessen ist er ehrlich zu sich selbst und aufrichtig, ohne zu heucheln. Der wichtigste Aspekt ist allerdings, dass er mit sich selbst vertraut ist.

Einfühlend erkennt er, was er braucht. Das ist ihm in die Wiege gelegt. Sobald er sich in dieser Haltung befindet, ist er mit dem Leben verbunden. Das gibt ihm Kraft und hält Burn-out fern. Wenn sich die Situation entspannt, macht sich Heilung bemerkbar. Oft geschieht dies in Stille.

▶ **Bitte beachten Sie** Verbessern Sie Ihre Empathiekompetenz. Gehen Sie in Übungsgruppen. Dort können Sie aktives Zuhören, wohlwollende Körpersprache und die einfühlsame Haltung der Nicht-direktiven Beratung trainieren. Sprichwörtlich heißt es: Wie wir in den Wald hineinschreien, so kommt es wieder heraus.

„Wenn die Sprache nicht stimmt, so ist das, was gesagt wird, nicht das, was gemeint ist", sagt ein chinesisches Sprichwort. In unserer Kommunikation vermitteln wir 55 % der Information durch Körpersprache, 38 % durch Stimme und nur 7 % durch Worte. Dies fand Albert Mehrabian (1971) durch experimentieren heraus. Viele Leute glauben, dass sie einfach mal drüber reden müssten, um den Streit aus der Welt zu schaffen. Dass muss nicht helfen. Was aber helfen kann, ist zuhören.

Info: Empathie

Empathie darf nicht mit Sympathie verwechselt werden. Sympathie bedeutet Anteilnahme. Hier versteht jemand die Gedanken und Gefühle des anderen. Empathie hat unterschiedliche Komponenten (Decety und Jackson 2004) (Abb. 3.8):

1. Gefühl erkennen: Unterscheidung zwischen selbst erlebten und fremden Gefühlen. Dies kann neben den Gefühlsäußerungen vor allem durch die Körpersprache (Mimik, Gestik und Körperhaltung) geschehen.
2. Perspektive übernehmen (kognitive Komponente): Fähigkeit, die Sichtweise des Gesprächspartners unabhängig vom subjektiven Zugang einzunehmen.
3. Gefühle nachempfinden (affektive Komponente): Fähigkeit, eigene Gefühle empfinden zu können und folglich gefühlsmäßige Zustände anderer nachzuempfinden

Tabelle 3.6 zeigt eine Checkliste mit Tipps zum empathischen Verstehen.

3.3.3 Wie wir uns wirksam auf schwierige Gespräche vorbereiten

Entscheidend ist in schwierigen Gesprächen, mit welcher Energie wir uns mitteilen. Wie sagt jemand etwas? Stimmt die eigene Beobachtung mit der des Gesprächspartners überein?

Es liegt auf der Hand, dass einfühlendes Verstehen eine gewisse Beziehungsfähigkeit voraussetzt. Weil bei der nicht-direktiven Beratung akzeptieren und nicht manipulieren im Vordergrund steht, eignen sich hierfür eher Kommunikationsfertigkeiten, mit niedrigem Einflussgrad. Tabelle 3.7 zeigt eine Liste möglicher Verfahren nach Einflussgrad.

▶   **Wichtig** Alles, was der Klient sagt, ist vertraulich.

▶   **Gruppenübung** Gehen Sie in Dreier-Gruppen zusammen. Zwei Teilnehmer (ein Übender und ein Gesprächspartner) reden miteinander und der dritte beobachtet die Ereignisse.
      Achten Sie dabei auf das Spiegeln und Paraphrasieren. Nehmen Sie sich etwa 10 min für das Gespräch Zeit und 15 min für die Rückmeldung.

Info: Blitzlicht

Das Blitzlicht ist in der Praxis sehr verbreitet. Üblicherweise sagen die Beteiligten, nach ein paar einleitenden Worten des Trainers, wie es Ihnen geht, was Sie bewegt.

Ein Blitzlicht macht Sinn, sobald ein Teilnehmer einen starken Einwand äußert und eine Rückmeldung von der Gruppe haben möchte. Damit lässt sich klären, wie es den anderen Teilnehmern damit geht.

Jeder Teilnehmer äußert, wie er sich fühlt und wie er die Situation empfindet. Damit werden im Raum stehende Gefühle und Bedürfnisse transparent und es wird auch deutlich, wo die einzelnen Teilnehmer aktuell stehen. Nicht zuletzt lernen sie, Gefühle und Bedürfnisse auszudrücken.

Fazit: Marshall Rosenberg (1983) erweiterte Carl Rogers Konzept. Während Carl Rogers Empathie-Konzept sich überwiegend an Fachkräfte richtet, entwickelte Marshall Rosenberg ein Programm für eine breite Zielgruppe. Es passt für viele Menschen, egal wie alt sie sind oder welche Bildung sie haben. Die Gewaltfreie Kommunikation hilft deshalb auch dabei, Mobbing in Heimen zu bewältigen.

Tab. 3.6 Checkliste Einfühlen

Was ist das?	Sich in die Lage und Sichtweise anderer zu versetzen. Der einfühlsame Coach übernimmt für den Betroffenen keine Tätigkeiten, sondern gibt ihm Hilfestellung
Was ist der Plan?	Es geht darum, den Betroffenen zu verstehen und einfühlsam seine Bedürfnisse wahrzunehmen.
Was tun?	*Praxistipps für die Beratung*:
	1. Gefühle und Bedürfnisse des Gesprächspartners benennen
	2. Zuhören: nicht unterbrechen
	3. Auf Stimmungsänderungen achten
	4. Auf Vorschläge von anderen reagieren
	5. Fragen statt sagen: Mit fragen setzen wir die Kommunikation in Gang
	6. Einfühlsame Haltung einnehmen: wertschätzend, echt, empathisch
	7. Aktiv Zuhören: Beschreiben, Wiederholen und Nachfragen
	8. Körpersprache: Blickkontakt, wohlwollende Mimik und Gestik
	9. Vergewissern Sie sich, ob Sie ihr Gegenüber richtig verstanden hat
Checkliste	Sind Sie aufmerksam und zeigen es?
	Halten Sie sich mit Interpretationen zurück?
	Verstehen Sie die inneren Zusammenhänge?
	Stellen Sie zweckmäßige Fragen?
	Wiederholen Sie die Beobachtungen, Gefühle und Bedürfnisse des Gesprächspartners?
Weitere Elemente	*Grundsätze*:
	1. *Bringen Sie es auf den Punkt*: Es ist dabei bedeutsam so informativ, wie nötig zu sein, aber nicht informativer. Bei Verletzung dieses Grundsatzes kann Unmut entstehen, da es in unserer Gesellschaft reichlich Vielredner gibt, wird der Grundsatz oft verletzt.
	2. *Seien Sie echt*: Durch das Aussprechen der Wahrheit kommt Qualität ins Gespräch.
	3. *Seien Sie relevant*: Richten Sie das Gespräch nicht auf Nebenschauplätze. D. h., nicht Themen fokussieren, keine Gesprächsrelevanz besitzen. Achten Sie auf den Grad der Zustimmung oder auf Widerstandssignale des Gegenübers. Achten Sie auf seine Verhaltensweisen.
	4. *Seien Sie klar*: Kurz und prägnant, ohne Benutzung von mehrdeutigen Begriffen. Antworten Sie knapp.

Tab. 3.7 Fertigkeiten nach dem Grad der Beeinflussung

Beeinflussung	Befähigung
Stark	Konfrontieren und aufrichtig sein
	Fordern, Anweisen, Vorschriften machen
	Konsequenzen aufzeigen
	Bewertungen, Analysen oder Interpretationen liefern
	Feedback geben
	Ich-Botschaften senden (Informationen über sich liefern)
	Bitten, Empfehlungen geben
Mittel	Fokussieren
	Geschlossene Fragen stellen
	Offene Fragen stellen
Schwach	Wiedergeben der Gefühle („Spiegeln")
	Inhalte umschreiben („Paraphrasieren")
	Ermuntern, Inhalte neu zu formulieren

Für Mobbing sind unsere gesellschaftlichen Bedingungen und Machtverhältnisse verantwortlich. Deshalb haben beide Psychologen nach Formen gesucht, um gesellschaftliche Denk- und Machtstrukturen zu ändern. Die Vision des gesellschaftlichen Wandels ist ein wichtiger Bestandteil in beiden Kommunikationskonzepten.

Info: Untersuchung über empathische Ärzte

Empathische Mediziner haben gesündere Patienten. Dies zeigt eine Studie italienischer und amerikanischer Wissenschaftler. Die Forscher untersuchten den Zusammenhang zwischen Empathie und Diabetes. Beobachtet wurden 242 italienische Ärzte und der Krankheitsverlauf von 20 961 Diabetes-Patienten. Das Ergebnis zeigte, dass die Patienten der besonders empathischen Ärzte, weniger unter Komplikationen leiden und einen milderen Krankheitsverlauf haben. Die Befunde sind ein wissenschaftlicher Beleg für die Wirksamkeit von Empathie im Umgang mit Patienten (Del Canale et al. 2012).

3.4   Lässt sich mit Medizinethik Patienten-Mobbing stoppen?

> Wir müssen der Wandel sein, den wir in der Welt zu sehen wünschen. Mahatma Gandhi

Mobbing ist eine besondere Form des Daseinskampfes. Wir finden darin viele unethische Bewertungen: Rücksichtslosigkeit, Unfairness, Grobheit etc. Besonders in religiösen Institutionen können hohe moralische Standards zu großen Konflikten führen. Dort entstehen schnell Grundsatzfragen (Zapf 2011). So kann eine

Mobbinghandlung beispielsweise darin bestehen einen berechtigten Widerspruch gegenüber einer religiösen Institution durch den Glaubenssatz des Sündigens abzuwürgen. Die Strafe erfolgt dabei durch Verdammnis nach dem Tod. Joel Kramer und Diana Alstadt (1995) kritisieren: „In der Geschichte besaßen die Religionen als einzige Lieferanten der vorgeblich höheren Wahrheiten die Macht festzusetzen, was richtig ist."

Unsere Werte verstecken also starre Glaubenssätze. In unseren Moralvorstellungen eingebettet prägen Werte unser zusammenleben. Es lohnt sich deshalb, unsere Werte zu überprüfen und zu fragen: Wozu dient der Wert tatsächlich? Denn moralische Urteile richten sich meistens gegen jemand und haben deshalb Ausgrenzung zur Folge. Marshall Rosenberg (2012) unterscheidet deswegen zwischen moralischen Urteilen und Bewertungen, die auf Bedürfnissen beruhen. Solche Bewertungen, enthalten Eigenschaften, die uns wichtig sind und reflektieren unsere Überzeugung. Moralische Urteile hingegen teilen die Welt in Gut und Böse ein. Der Fokus liegt auf dem was sein soll und was der andere sagt oder meint. Urteile, wie „Sie arbeiten einfach schlecht", führen zu Rechthaberei, Konflikten und Ausgrenzungen. Moralische Urteile berufen sich auf die geltende Moral oder die herrschende Kultur (Larsson und Hoffmann 2013).

Es geht aber nicht um eine Zerschlagung der Moral. Es bedarf vielmehr eine Reflexion der ethischen Werte in Bezug auf deren Gewalttätigkeit. Damit die Moral verletzbar bleibt und dem Einzelnen gerecht wird (Butler 2003). Darüber hinaus spielt Moral oft auf das Fehlverhalten anderer an, ohne eigene Bedürfnisse zu benennen. Indem wir moralisch jemand verurteilen, wird unsere Sprache zum Machtinstrument und führt zu Gewalt. Wir beurteilen nicht mehr konkrete Situationen, sondern oftmals Menschen und Taten allein aufgrund von vorgefertigten, moralischen Einteilungen. Solange wir in Richtig-Falsch-Schubladen denken, werden wir diese in Worte fassen. Viel wirksamer wäre es aber unsere Bitten auszudrücken, die sich auf unsere Bedürfnisse stützen. Um Mobbing wirksam zu entgegen braucht es Bewertungen, die auf Bedürfnissen basieren.

Würde und Freiheit sind Beispiele für demokratische Werte. Der Begriff „Wert" umfasst verschiedene Elemente. Leute bewerten Antworten, Gegenstände und Zustände. Unser Geld legen Bürger in Wertanlagen an. Ethiker unterscheiden materielle Werte, wie Geld und immaterielle Werte, wie Vertrauen. Werte unterscheiden sich kulturell und Menschen leben ihre Werte auf verschiedene Weise. Doch über Werte lässt sich streiten, bei Bedürfnissen fällt das schwer. In Tab. 3.8 sind die medizinethischen Werte und Bedürfnisse dargestellt.

Unser Handeln im Gesundheitswesen orientiert sich an bestimmten Werten. Tom Beauchamp und James Childress (1977) veröffentlichen die vier bedeutenden Werte: Wohl tun, Schaden vermeiden, Selbstbestimmung respektieren und

Tab. 3.8 Medizinethische Werte und mögliche Bedürfnisse. (Quelle: Eigene Darstellung, angelehnt an Lindemann und Heim)

Einordnung	Umschreibung im Lebensumfeld
Wohl tun	Wertschätzung
	Anerkennung
	Vertrauen/Offenheit
	Wahrgenommen werden
	Akzeptanz (der Person)
	Verständnis
	Unterstützung
	Rücksichtnahme
	Teamgeist/Gemeinschaft
	Kooperation
	Respekt
	Zugehörigkeit
Schaden vermeiden	Balance zwischen Erholung und Aktivität
	Bewegung
	Nahrung für Körper und Geist
Selbstbestimmung respektieren	Leben selbst einteilen/Ziele verwirklichen
	Selbst bestimmen/entscheiden können
	Zeit effizient nutzen
	Dass die Arbeit Sinn macht/ erfolgreich ist
	Entwicklung/ Fortschritt machen (Empowerment)
	Kreativität
	Einen Beitrag leisten
	Integrität
	Authentizität/ Glaubwürdigkeit
	Einfluss nehmen
Gerechtigkeit	Transparenz
	Einbezogen sein
	Absprachen einhalten
	Verlässlichkeit
	Frieden/Harmonie/Kollegialität

Gerechtigkeit. Belastung, Isolation, Burn-out oder Bürokratismus sind vielen Mobbing-Betroffenen bekannt. Es ist allgemein akzeptiert, dass Berufsgruppen wie Mediziner, um überhaupt therapieren zu können, faktisch zunächst schaden. Sobald Ärzte operieren oder Medikamente verordnen, gefährden sie den Klienten. Dabei schätzen sie stets den Nutzen ein. Das Wertemodell zeigt mögliche Zu-

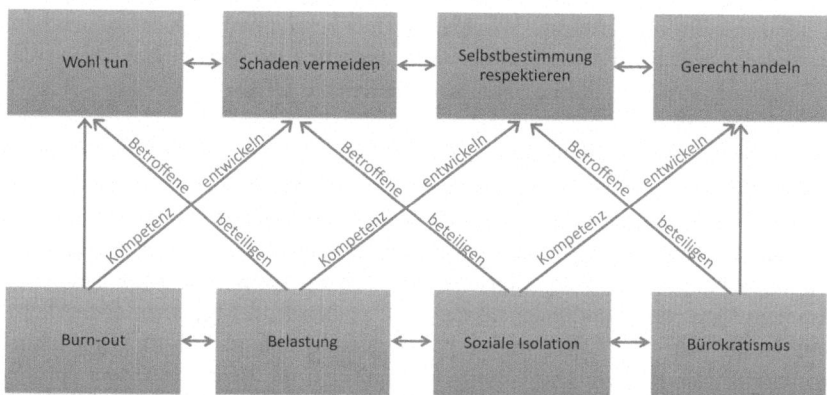

Abb. 3.9 Medizinethische Werte und mögliche Folgen. (Quelle: Eigene Darstellung)

sammenhänge zwischen Werten und ihren möglichen Folgen (Abb. 3.9). Wichtige Maßnahmen sind die Betroffenen zu beteiligen und ihre sozialen Kompetenzen zu entwickeln.

3.4.1 Wohl tun

Die Würde des Menschen ist unantastbar. Sie zu achten schützen ist Verpflichtung aller staatlichen Gewalt. Grundgesetz Artikel 1

Wohl tun meint, dass möglichst viel Nutzen für die Kienten entsteht. Dieser erfüllte sich bei einem Fall, den mir eine Kollegin erzählte.

Praxisbeispiel

Der erste Schnee liegt auf den Wiesen. Das Thermometer zeigt zwei Grad Minus an. Der Winter steht bevor. Der Ehemann von Frau Einsam, 89, ist gestorben. Jetzt ist sie auf sich gestellt. Anja, 19, die gerade ihren Bundesfreiwilligendienst (Bufdi) leistet, besucht sie zu Hause. Der Holzbestand ist bald aufgebraucht. Frau Einsam wäre andauernder Kälte überlassen. Bufdi Anja fragt daher einfühlsam: „Kann ich ihnen etwas Gutes tun" Frau Einsam antwortet: „Ein warmer Ofen wäre schön, aber ich habe kein Brennholz mehr und weiß nicht, wo ich es herbekommen soll". Obwohl das nicht in das Aufgabenfeld von

Anja gehört, antwortet sie: „Wollen wir Holz beschaffen?" „Ja das wäre schön, nur woher soll ich eines bekommen?", fragt die Bewohnerin nach. Anja freut sich und antwortet „Keine Sorge wir schaffen das schon."

So gut ergeht es leider nicht allen bedürftigen Menschen. Ohne Hilfe entgleitet ihnen oft allmählich das Leben und der gute Draht zu Bekannten und Freunden reißt. Völlig alleine stehen sie dann da. Immer mehr Menschen geraten so in soziale Isolation. Die Deutschen erreichen zwar ein hohes Lebensalter, doch sie haben keine Familie mehr (Bundesministerium des Innern 2011). Neben alten, behinderten und kranken Menschen sind Personenkreise wie Studierende, Migranten oder Alleinerziehende betroffen. Diese soziale Isolation ist symptomatisch für den Mangel in unserer Gesellschaft. Die Gesellschaft ignoriert die Bedürfnisse von solchen Personen. Isolierte wie Arbeits- und Wohnungslose sind häufiger und länger krank. Sie leben kürzer (Mielck 2000). Für sie ist es grundsätzlich wichtig, ihr Dasein, ohne Existenzängste zu leben.

3.4.2 Schaden vermeiden

Jeder hat das Recht auf Leben und körperliche Unversehrtheit. Die Freiheit der Person ist unverletzlich. In diese Rechte darf nur aufgrund eines Gesetzes eingegriffen werden. Grundgesetz Artikel 2

Manche glauben, dass wir gesund sind, sobald keine Krankheit vorhanden ist. 1946 stellt die Weltgesundheitsorganisation daher eine positive Definition von Gesundheit auf. Gesundheit ist danach „ein Zustand völligen körperlichen, seelischen und sozialen Wohlbefindens (WHO 1986) ". Mediziner wie Dietrich Grönemeyer sprechen daher lieber von Wohlbefinden, anstatt von Gesundheit. Ein Krebspatient kann sich beispielsweise trotz Krankheit wohlfühlen. Bei Mobbing ist aber genau dieses Wohlbefinden stark beeinträchtigt.

Schaden vermeiden steht oft mit Wohl tun und Selbstbestimmung respektieren im Konflikt. Um diesen zu lösen, sind die Bedürfnisse des Patienten einzubeziehen. Vorbeugendes Handeln meidet Schaden, lindert Leiden und erhält die Gesundheit. Medizinische Eingriffe sind nur gerechtfertigt, wenn sie die Menschen schützen und/oder der Gesundheit nutzen (Schröder 2007). Sobald Therapeuten gewaltfrei beraten, verbessert sich unsere Situation. Denn die Prävention stärkt unsere Ressourcen. Krankheiten werden weniger. Indem wir Geld in die Prävention stecken, lassen sich sogar Behandlungskosten senken (Dietl et al. 2010).

Info: Salutogenese Konzept

Das von Aaran Antonovsky entwickelte Salutogenese Konzept ist ein wichtiger Bestandteil in der Gesundheitspolitik geworden. Der Gesundheitswissenschaftler wandte sich der Fragestellung zu, wie Gesunderhaltung des Menschen ermöglicht und verstärkt werden kann. Denn im Gegensatz zur Pathogenese, welche die Entwicklung von Krankheiten beschreibt, geht die Salutogenese der Entwicklung und Erhaltung von Gesundheit nach. Demnach liegt der Schwerpunkt der Salutogenese-Forschung in der Prävention und nicht in der Behandlung von Erkrankungen. Es werden insbesondere gesunderhaltende Faktoren und Ressourcen untersucht.

Im Gegensatz zur in der Medizin üblichen Dichotomie dieser Prozesse, nimmt Antonovsky ein Kontinuum von Gesundheit und Krankheit an. Demnach befindet sich der Mensch nicht mehr in einem Zustand von entweder Gesundheit oder Krankheit, sondern er bewegt sich auf einem Kontinuum zwischen diesen beiden Polen und verfügt auch in Zeiten, in denen er sich nahe am Krankheitspol befindet, über gesunde Anteile.

In der Gesundheitspolitik wird zwischen Gesundheitsförderung, primärer, sekundärer und tertiärer Prävention unterschieden (Tab. 3.9).

Tab. 3.9 Checkliste Selbstsorge und Prävention

Was ist das?	Tägliche Bereitschaft zur Selbstreflexion und zur Veränderung. Selbstsorge bedeutet, dass eigene Leben gestalten. Prävention beugt vor und verhütet
Was ist der Plan?	Bei der Prävention wird zwischen Verhältnis- und Verhaltensprävention unterschieden:
	Verhaltensprävention: Ungesunde Lebensweisen meiden. Die gesundheitlichen Ressourcen stärkenden Verhaltensweisen (wie Bewegung) fördern
	Verhältnisprävention: Gesunde Lebens- und Arbeitswelt schaffen. Gesundheitsfördernde Institutionen und soziale Netze aufbauen. Vorbeugende Bedingungen in Heimen, sowie in der Arbeit und Freizeit schaffen.
Was tun?	*Praxistipps für Führungskräfte:*
	Bewohner motivieren täglich etwas zu tun, was ihm Freude bereitet, das ihm seinen Zielen näherbringt und ihm Ausgleich verschafft (Bewegung, Hobby…)
	1. *Primäre Prävention*: Vor dem Auftreten von Mobbing. Ziel: Voraussetzungen schaffen, damit ausgrenzende Einstellungen und Verhaltensweisen gar nicht entstehen.
	2. *Sekundäre Prävention*: Früherkennung und Schlichtung. Maßnahmen in aktuellen Mobbingsituationen. Ziel ist es Verhalten- und Einstellungen zu ändern
	3. *Tertiäre Prävention*: Intervention bei eskalierender Gewalt. Maßnahmen zur Konfliktregelung und Nachbearbeitung. Ziel: Rückfallverhütung

Tab. 3.9 (Fortsetzung)

Checkliste	Haben Sie eine konkrete Vorstellung, was Sie erreichen möchten?
	Sind Sie bereit, jede sich bietende Gelegenheiten, zu nutzen?
	Wann tritt das Symptom auf?
	Wo tritt das Symptom auf?
	Wer ist noch beteiligt?
	Was geschieht exakt?
	Wie reagieren Sie in dieser Situation? (körperlich, gedanklich)
Weitere Elemente	*Politischer Handlungsbedarf:*
	1. Präventivmaßnahmen gehören in die Arbeitssituation eingeführt.
	2. Persönlichkeitsentwicklung: Mitarbeiter brauchen ein stabiles Selbstwertgefühl, um und soziale Verantwortung übernehmen zu können
	3. Vertrauensperson wählen lassen, an die sich Mitarbeiter bei Problemen, wie Mobbing, wenden können
	4. Angestellte am Erarbeiten der Regeln beteiligen (zum Beispiel in Form eines Vertrages)
	5. Schulungen: Übungsgruppen und Seminare vor Ort, Austausch mit Kollegen ermöglichen
	6. Mobbing-Präventionsprojekte verwirklichen: Externe Partner finden, die Mobbingprävention unterstützen

3.4.3 Selbstbestimmung respektieren

Jeder hat das Recht auf die freie Entfaltung seiner Persönlichkeit, soweit er nicht die Rechte anderer verletzt und nicht gegen die verfassungsmäßige Ordnung oder das Sittengesetz verstößt. Grundgesetz Artikel 2

Respektieren wir den Willen des Bewohners? Diese Frage ist in Heimen stets zu stellen. Ohne Selbstbestimmung kann keine einfühlsame Arbeit stattfinden. Selbstbestimmen darf aber nicht mit selbstständig ausführen verwechselt werden, um den Bewohner sich selbst zu überlassen.

Praxisbeispiel

Willy spricht hauptsächlich in Drei-Wort-Sätzen. Es ist ihm jedoch möglich seine Bedürfnisse mitzuteilen. Auch wenn er dazu mit Händen und Füßen spricht. Falls er die Einrichtung verlassen möchte, bringt er Schuhe, Schal und Jacke und sagt: „Raus gehen". Wenn er trinken möchte, bringt er einen Becher und sagt: „Durst".

Willys Selbstbestimmung ist stark eingeschränkt, weil es im Gruppenalltag mit 20 Bewohnern und zwei Mitarbeitern oft unmöglich ist, Bedürfnisse angemessen zu erfüllen. Willy muss meistens lange warten bis das Personal sich, um ihn kümmern kann und die Mitarbeiter entscheiden dann, was ihm guttut. Wer Selbstbestimmung respektiert, akzeptiert den Menschen.

Besonders in Seniorenheimen mangelt es an Angeboten (Gräßel et al. 2011). Die Menschen sind deswegen gezwungen, inaktiv zu sein. Selbstbestimmung bedeutet eigenständig entscheiden zu können.

Ein Umzug ins Heim setzt diese Möglichkeit für die Patienten außer Kraft. „Hier bin ich Mensch, hier darf ich's sein!" Diesen Anspruch hatte bereits Johann Wolfgang von Goethe. Die Zahlen und Berichte über unsere Heime sagen etwas anderes. Rund 30 % der Bewohner von Pflegeheimen sterben innerhalb der ersten drei Monate nach ihrem Einzug (Nationaler Ethikrat 2006). Betreuung in den eigenen vier Wänden ist daher sehr wichtig. Denn Leben und Selbstbestimmung gehören untrennbar zusammen. „Leben ohne Freiheit ist wie ein Körper ohne Seele", vergleicht der Philosoph Khalil Gibran.

An der Grenze der Selbststimmung: Wie wir Macht schützend einsetzen Wer permanent Bewohner drangsaliert, erfüllt nicht den gesundheitserhaltenden Zweck der Einrichtung. Zwar lässt sich völlig ohne Fremdbestimmung nicht arbeiten, aber Mitarbeiter dürfen Zwang nur anwenden, um Menschen zu schützen. Wie sich Strafe auch vermeiden lässt, zeigt ein Fall, den ich in einer Behinderteneinrichtung erlebt habe.

Praxisbeispiel

Der geistig behinderte Willy schreit und wirft einen Stuhl im Gruppenraum um. Er ist verwirrt. Dabei wirkt er bedrohlich.

Vor einer Woche wurde das Medikament Haldol bei ihm stark reduziert. Seitdem blüht er auf. Er lacht viel und freut sich des Lebens. Dennoch kommt es manchmal zu schwierigen Situationen. Denn er überfordert sich oft selbst. Dann schreit er und wirft einen Stuhl um. Mehrmals geschieht das in der Nähe von Friedas Stammplatz.

In solchen Situationen weiß Schwester Marie, dass es Priorität hat, andere zu schützen. Zwangsmaßnahmen sind für sie das letzte Mittel. Solche Maßnahmen erscheinen ihr bei Willy bislang überzogen. Sie kennt ihn. Er brüllt zwar, tut aber keinem was. Schwester Marie folgt ihrem Instinkt. Energisch fordert sie, er solle in den Schlafsaal gehen. Gleichzeitig nimmt sie Friedas Hand und verlässt mit ihr den Gruppenraum. Frieda ist in Sicherheit gebracht. Willy beruhigt sich nach rund fünf Minuten.

Falls der Schutz von Menschen vom Machteinsatz abhängt, ist der Einsatz von Gewalt notwendig. Diese schützende Macht ist allerdings von der strafenden Art zu unterscheiden. Falls jemand Macht strafend benutzt, möchte er den Menschen ändern. Schützende Macht richtet sich allein auf die Umstände. Sie versucht also, die Situation zu ändern, und nicht den Menschen (Rosenberg 2012).

Isolierung ist also nur akzeptabel, falls jemand gefährdet ist. Ausgrenzende Strafen und Rache machen keinen Sinn. Leider haben sich viele an die strafende Macht gewöhnt. Besonders sobald sie mächtige Gruppen ausüben.

▶ **Wichtig** Ein Umzug ins Heim setzt oft die Selbstbestimmung des Patienten außer Kraft.

3.4.4 Gerecht handeln

Alle Menschen sind vor dem Gesetz gleich. Grundgesetz Artikel 3

Gerechtes Handeln verringert soziale und gesundheitliche Ungleichheit. Diese Aspekte besitzen besonders bei der sozialen Ausgrenzung benachteiligter Randgruppen hohe Relevanz. Eine Voraussetzung für Chancengleichheit ist, dass Einheimische und Migranten den gleichen Zugang zu verfügbarer Versorgung und die identische Inanspruchnahme bei gleichem Bedarf und gleicher Qualität haben (Whitehead 1990).

In Heimen sind Grundbedürfnisse mehr oder weniger stark beeinträchtigt. Dies erfordert unterschiedlichen Behandlungsaufwand. Grundsätzlich ist immer zu fragen, ob Bewohner bedarfsgerecht behandelt werden.

Gerechtigkeit beschreibt einen idealen Zustand des Miteinanders. In diesem gibt es einen Interessensausgleich (Schöffski und Graf von der Schulenburg 2007). Gerechtigkeit kann sowohl eine gleiche, als auch eine ungleiche Behandlung erfordern. Eine formale Gleichbehandlung kann also ungerecht sein, da bestimmte Bedürfnisse eine Ungleichbehandlung erforderlich machen.

Wer gerecht handelt, vermindert Mangel. Diskriminierungsschutz von benachteiligten Menschen ist dabei ein wichtiger Aspekt. Hierzu sind Verteilungsregeln erforderlich, die idealerweise mit den beteiligten Gruppen festgelegt sind.

Info: Bedarfsgerechtigkeit

Bedarfsgerecht behandeln Mitarbeiter immer dann, wenn sie geeignete und nötige Leistungen fachgerecht erbringen (Sachverständigenrat 2001). Für Heime bedeutet eine bedarfsgerechte Versorgung, dass die Kommunikation in Heimen gewaltfrei erfolgt. Dazu sind Räume zu schaffen, in denen sich die Fähigkeiten entwickeln können.

Überversorgt sind Klienten, wenn Praktiker Leistungen in einem Umfang erbringen, deren möglicher Schaden größer ist, wie ihr eventueller Nutzen. Das ist beispielsweise oft beim gedankenlosen Umgang mit Medikamenten der Fall. Pharmakonzerne schaffen es uns glauben zu machen, dass Erkrankungen, wie Durchfall oder Verstopfung normal seien. Wir schlucken ein paar Pillen, dann ist es wieder gut. Doch eine gesunde Ernährung würde vorbeugen und wäre wirksamer, als diese gefährlichen Pillen zu schlucken.

Fehlversorgt sind Klienten, wenn geeignete Leistungen vorhanden sind, die Praktiker aber nicht fachgerecht oder falsch erbringen. Eine Fehlversorgung liegt vor, wenn Menschen mit Medikamenten ruhiggestellt werden.

Unterversorgt sind Klienten, wenn gewinnmaximierende Unternehmen ihrer Verantwortung nicht nachkommen. Das einzige Highlight für viele Klienten ist die Essenszeit. Private Träger setzen hier gerne zuerst den Rotstift an. Das ist nicht nachvollziehbar.

Falls Menschen gerecht handeln wollen, geht kein Weg daran vorbei, die Menschen stärker zu beteiligen. Darunter fallen alle, die auf irgendeine Weise betroffenen sind.

Schwachstellen lassen sich in Einrichtungen am einfachsten identifizieren, wo sie auftreten. Vorschläge stärken die Partnerkultur und die Angestellten identifizieren sich auch stärker mit ihrer Arbeit. Unsere Welt braucht Leute, die selbstbestimmt leben. Nicht alle müssen dabei einer Meinung sein. Denn Meinungsunterschiede lassen sich verhandeln. Um diesen Zustand herzustellen, ist es notwendig, dass wir anpacken und einen Wandel herbeiführen. Mehr Demokratie wagen Bürger, sobald sie beteiligt sind. Tabelle 3.10 zeigt, wie Führungskräfte Betroffene verstärkt beteiligen können.

▶ **Wichtig** Die Identifikation mit sozialen und politischen Grundsätzen ist für unser ethisches Handeln Voraussetzung. Verantwortung dafür übernehmen bedeutet, die eigenen Handlungsspielräume zu nutzen.

Tab. 3.10 Checkliste Beteiligung für Führungskräfte

Was ist das?	Wenn die Einkommen den Bedürfnissen der jeweiligen Gesellschaftsmitglieder entsprechen, lässt sich von gerechten Zuständen sprechen. Um gerechte Zustände zu gewährleisten, sind Betroffene zu beteiligen
Was ist der Plan?	Es braucht einen angemessenen Ausgleich der Bedürfnisse und der Verteilung von Gütern und Chancen zwischen den beteiligten Personen oder Gruppen
Was tun?	*Praxistipps für Führungskräfte:*
	1. Individuellen Hilfebedarf ermitteln
	2. Verfügbare und wahrgenommene Ressourcen analysieren
	3. Kompetenz vermitteln, um die vielseitigen Formen und der Dominanz zu erkennen
	4. Erforderliche Leistungen einschätzen
	5. Budgets organisieren
Checkliste	Werden Fähigkeiten erkannt, ausgebaut und freigesetzt?
	Wird jedem Menschen mit Fairness und Solidarität, Offenheit und Respekt begegnet?
	Besteht persönliche, soziale, kulturelle Vielfalt?
Weitere Elemente	*Politischer Handlungsbedarf:*
	1. Gesundheit ist ein fundamentales Menschenrecht
	2. Gesundheitliche Chancengleichheit ermöglichen
	3. Beteiligung des Einzelnen wie auch von Gruppen, Einrichtungen und Gemeinden bei der gesundheitlichen Entwicklung
	4. Aufbau empathischer Fürsorgemaßnahmen, Kommunikationstrainings, Übungsgruppe, Mediation und Supervision
	5. Fixierung und freiheitsentziehende Maßnahmen. Dafür andere Handlungen aufbauen
	6. Einführung gemeindebezogener Bedürfnisermittlung anhand von Einschätzungen, um die Unterversorgung besonders bedürftiger Patienten zur verringern
	7. Bürokratismus und Amtssprache überwinden
	8. Bedarfsgerechte Hilfen bei Burn-out, chronischer Schmerzen und sozialer Isolation
	9. Schubladen für Menschen auflösen: „Behinderte und Nichtbehinderte"
	10. Menschen, die am Rand der Gesellschaft stehen, in die Mitte holen

Bedürfnispolitik: Von der Mobbingkultur zur Partnerkultur

4

Wenn Dir nur eine Lösung des Problems einfällt, hast du es nicht verstanden.
Marshall Rosenberg

„Vertrauen ist gut, Kontrolle ist besser", lautet unser Motto in vielen Heimen. Politiker rechtfertigen Sparmaßnahmen mit Schlagworten wie Demografie und Kosten. Dafür zahlen wir einen Preis. Die Zeit wird in Heimen immer knapper bemessen. Das wirkt sich auf die Qualität aus und macht die Menschen krank. Dies zeigt dieser typische Burn-out-Fall.

Praxisbeispiel

Bewohnerin Frieda ist seit zwei Tagen im Heim. Schwester Marie bemerkt ihren traurigen Blick. Daher möchte Sie wissen, wie es ihr geht. Weil die Schwester bereits einen guten Draht zu Frieda hat, schenkt sie ihr eine halbe Stunde. Folglich bleiben allerdings andere Aufgaben auf der Strecke und sie beeilt sich. Die Schwester glaubt, sie müsse nur wollen, dann schafft Sie auch alles. Irgendwann folgt Ihr aber ihr Körper nicht mehr. Erschöpft schleppt sie sich deswegen Tag für Tag nach Hause.

Ein Geräusch an der Tür. Gleich ist Mama daheim, freut sich Schwester Maries zehnjährige Tochter Bea. Um 20.30 Uhr kommt die Krankenschwester nach Hause. Bea wartet bereits, um sie zu begrüßen. Wie an jeden Abend bringt Marie ihre Tochter um 21.15 Uhr zu Bett. Auf den ersten Blick ist sie eine moderne Frau. Belastbar, eigenständig, alleinerziehend und multitaskingfähig. Doch in ihren Inneren sieht es anders aus. Ihre Seele leidet. Marie hat bereits Anzeichen eines beginnenden Burn-out-Syndroms.

© Springer Fachmedien Wiesbaden 2015
M. Dietl, *Mobbing im Heim*, DOI 10.1007/978-3-658-06251-4_4

Die Arbeit laugt sie aus. Sie gibt viel – bekommt wenig. Wertschätzung ist ein Fremdwort in ihrer Arbeit. Dauernd ist sie erschöpft. Die Pflegekraft funktioniert bloß noch. Oft denkt sie: „Immer bin ich für andere da, keiner dankt es mir." Sie sieht blass aus. Das Problem ist ihr klar. Wenn sie in einem Augenblick in sich hineinhört, bemerkt ihre innere Stimme: „Schalte einen Gang runter! Geh zur Beratung! Lass dir helfen!". Um einen Gang runterzuschalten, ist sie noch zu sehr gefangen im Netz der Angst. Die Krankenschwester begann vor zwei Jahren ihre Arbeit mit Feuer. Dieses ist erloschen. Am liebsten würde sie schlafen gehen, doch ihr pfeifen die Ohren. Sie hat ein mulmiges Gefühl im Bauch und in ihrem Kopf dreht sich alles. Daher setzt sie sich vor den Fernseher. 10 min später fallen ihre Augen zu.

Wer sich in unserer Gesellschaft krank in die Arbeit schleppt, erhält Respekt. Doch falls wer pünktlich den Arbeitsplatz verlässt, glauben viele, er sei nicht arbeitswillig. Überlastung ist gesellschaftlich immer noch positiv besetzt und wird sogar erwartet. Das erzeugt Zwang. Trotzdem hat niemand etwas davon, wenn Mitarbeiter krank sind.

Der Arbeitstag überlastet viele Mitarbeiter. Besonders doppelbelastete Eltern oder pflegende Angehörige sind von Burn-out bedroht. Denn neben der Arbeit ist auch noch nebenher einiges zu tun: einkaufen, kochen, putzen, Kinder von der Schule holen. Berufe wie Ärzte oder Krankenschwestern zählen zu den angesehen Berufen. Patienten und deren Angehörige sind ihnen in der Regel dankbar. Denn sie nehmen ihre Anliegen ernst, beantworten kompetent Fragen, verrichten einfühlsam notwendige Versorgungen und sind stets erreichbar. Solche Praktiker sind trotzdem oft allein und Burn-out gefährdet (Nelting 2010). Macht dies wirtschaftlich eigentlich Sinn?

Traditionell haben Ökonomen die Vorstellung, dass die Bedürfnisse unbegrenzt sind, sich wandeln und sich unterscheiden. Manfred Max-Neef sieht das anders. Er versteht Bedürfnisse als System, innerhalb dessen sie sich verständigen. Bedürfniserfüllung ist ein Prozess, der auf unterschiedlichen Niveaus und mit unterschiedlicher Intensität stattfindet. Darüber hinaus ist der Mensch ein Wesen mit sich gegenseitig beeinflussenden Bedürfnissen. Beispiel: Falls wir nicht alleine in unserer Wohnung frieren wollen, kann es auch helfen, sich in Gesellschaft zu begeben.

Jahrelang hat der Wirtschaftsprofessor Menschen in Armenvierteln oder indianischen Gemeinschaften beobachtet. Danach sagte er: „Und da habe ich entdeckt, dass sämtliche Wirtschaftstheorien, die ich kannte, wertlos sind, wenn man der Armut ins Gesicht guckt (Goethe Institut 2005)." Entwicklung bedeutet für ihn, dass sich die Möglichkeiten verbessern eigene Bedürfnisse zu erfüllen. Dies hat sehr wenig mit Wirtschaftswachstum zu tun.

Deswegen hat er den Begriff Barfuß-Ökonomie geprägt. Darunter versteht er: Die Probleme zusammen mit den Leuten zu lösen. Nicht durch Theoretisieren, weit weg, am Schreibtisch, sondern direkt dort, wo das Leiden ist. Wie dies machbar ist, verdeutlicht eines seiner Gleichnisse:

„Stellt euch vor, ihr wäret eine Mücke und stündet einem Nashorn gegenüber", sagt Manfred Max-Neef. „Glaubt ihr, dass ihr das Tier dazu bewegen könnt, seine Richtung zu ändern?" Dann fährt er fort: „Vermutlich nicht. Aber wenn ihr tausend Mücken seid, dann wird das Nashorn in eine andere Richtung laufen. (Görl 2007, S. 47)".

4.1 Bedürfnispolitik: Was ist das?

Nicht im Kopf, im Herzen liegt der Anfang. Maxim Gorki

Eigentlich nicht nachvollziehbar, dass alte, behinderte oder seelisch-kranke Menschen in Deutschland den gesamten Tag im Zimmer verbringen, weil es kein Förderangebot für sie gibt. Trotzdem ist dies Alltag in unseren Heimen (Gräßel et al. 2011).

Praxisbeispiel

Willy schleppt sich trotz Schmerzen in die Aktivierungsgruppe. Denn er ist besorgt um seinen begehrten Stammplatz. Mittags fragt ihn Schwester Marie „Kommen Sie mit zum Essen?". Doch er kann nicht aufstehen. Anfallsartig erleidet er Bauchkrämpfe. Während andere Pfleger die Symptome runterspielen, nimmt sie Schwerster Marie ernst. Die Schmerzen strahlen bis hin zu den Oberschenkeln und in die Leistenregion aus. Außerdem ist ihm übel. Sie ist besorgt. Schwester Marie ergreift die Initiative und bringt ihn zum Hausarzt. Der Arzt vermutet eine Kolik. Um Schaden zu vermeiden, überweist er Willy in die Klinik. Dort erhält er die notwendige Behandlung. Denn die Ärzte stellen Nierensteine fest. Sie zertrümmern die Steine durch Stoßwellen. Auch ein operativer Eingriff wäre möglich gewesen, aber die Ärzte respektieren das Bedürfnis nach körperlicher Unversehrtheit des Patienten.

Die Einrichtung trägt für die Bewohner Verantwortung. Ihr Auftrag besteht darin, das Leben des Patienten zu erhalten und seine Bedürfnisse zu erfüllen. Heime haben für die Sicherheit der Betroffenen zu sorgen. Doch einige Machtmenschen in Heimen entwickeln ein Repertoire an Techniken, um alles von sich abzulenken

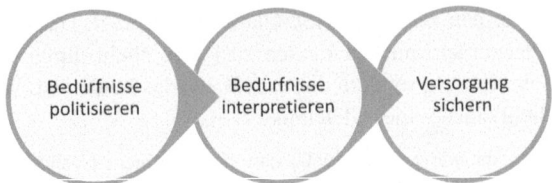

Abb. 4.1 Elemente der Bedürfnispolitik. (Quelle: Eigene Darstellung)

oder zu untergraben, was ihren Status infrage stellen könnte (Kramer und Alstadt 1995). Deshalb ist besonderes Augenmerk auf die Bedürfnisse isolierter Gruppen am Rande unserer Gesellschaft zu richten. Also auf Alte, Kranke, Behinderte, Drogensüchtige. Vor allem wenn sie keine Angehörigen mehr haben, die sich, um sie kümmern.

Die amerikanische Philosophin Nancy Fraser (1994) hat den Begriff Bedürfnispolitik geprägt. Sie zeigt, wie es uns gelingt, auch isolierte Gruppen einzugliedern. Sie setzt sich für ein Wohlfahrtsystem ein, das Armut, Ausbeutung und Diskriminierung überwindet. Dort werden Menschen nicht mehr an den Rand der Gesellschaft gedrängt und der gängige Paternalismus, weicht einem System der Partnerschaft. Drei Elemente beschreibt sie, die uns gesellschaftlich helfen, unsere Bedürfnisse erfüllt zu bekommen (Abb. 4.1).

Erstes Element: Stellung unserer Bedürfnisse politisieren „Der erste Moment ist der Kampf darum, den politischen Status eines gegebenen Bedürfnisses zu etablieren oder zu verweigern", schreibt Nancy Fraser in ihrem Buch Widerspenstige Praktiken – Macht, Diskurs, Geschlecht. Es ist darum zu ringen, dass die Politiker ein bestehendes Bedürfnis aufgreifen. Menschen haben ein Recht, zu bekommen, was sie brauchen.

Zweites Element: Kampf um die Interpretation Wer bestimmt, ob unserer Bedürfnisse von Belang sind? Es gilt sich mit den Leuten auseinanderzusetzen, welche unsere Bedürfnisse definieren. Denn sie legen fest, wodurch Bedürfnisse zu erfüllen sind. Im Austausch ist zu klären, welche Bedürfnisse die Gesellschaft anerkennt. Es ist zu klären welche Mittel zur Erfüllung des Bedürfnisses angemessen und geeignet sind und schließlich die Frage: Welche Bedürfnisse stehen im Heim im Vordergrund?

Drittes Element: Versorgung sichern „Das dritte Moment ist der Kampf um die Befriedigung des Bedürfnisses, der Kampf darum, die Versorgung zu sichern oder zu verweigern", schreibt die Politologin. Nach Nancy Fraser haben Bedürfnisse Vorrang, die sozialen Ungleichheiten entgegenwirken. Konkret bedeutet dies, dass Mitarbeiter in Heimen zu befähigen sind. Im Sinne der Bedürfnispolitik ist es notwendig, die bislang unbeachteten Grundbedürfnisse öffentlich zu machen. Bedürfnispolitik vertritt also die Interessen der Menschen ohne Lobby. Denn bislang bewerten und bestimmen mächtige Konzerne unsere Bedürfnisse. Sie verstehen es, Druck auf Politiker auszuüben. Mit gut bezahlten Aufträgen gewinnen Pharma-Konzerne das Wohlwollen der Experten. Weltweit wird der größte Teil der Forschungsgelder für die Pharmabranche und die Biotechnologie ausgegeben. Politiker erfüllen, nicht mehr die Interessen des Volkes, sondern der Interessenvertreter. Lobbyisten wirken bereits an Gesetzen mit. Dazu beeinflussen sie die Presse.

Info: Grundsätze in der Sozialpolitik
In der Sozialpolitik lassen sich drei Grundsätze unterscheiden das Versicherungs-, das Versorgungs- und das Fürsorgeprinzip. In unserem Sozialstaat treten diese Prinzipien zwar als Mischformen auf, es dominiert aber eindeutig das Versicherungsprinzip. Demnach sind die zu sichernden Personen in Versicherungsgemeinschaften organisiert. Sie haben in die Versicherung einzuzahlen, damit sie einen Anspruch, beim Eintritt des Versicherungsfalles (z. B. Krankheit, Unfall, Alter) Leistungen erwerben können. Leistungen werden also nur gegen finanzielle Gegenleistungen gewährt. Beim Versorgungsprinzip ist die Gegenleistung keine Grundvoraussetzung, sondern es genügen Vorleistungen. Nach dem Fürsorgeprinzip hat jemand unabhängig von Vorleistungen Anspruch auf Hilfe, sofern er bedürftig ist. Dieser Grundsatz gilt bei der Gewährung von Sozialhilfe. Also beispielsweise bei Menschen mit schwerer geistiger Behinderung, die selbst für ihren Lebensunterhalt nicht sorgen können.

4.2 Partnerkultur: Eine Illusion?

Ich kenne keinen sicheren Weg zum Erfolg, aber einen sicheren Weg zum Misserfolg: Es allen recht machen zu wollen. Platon

Depressionen, Konzentrationsstörungen, Ängste, Alpträume, Selbstmordgedanken sind mögliche Folgen, die Betroffene erleiden. Nichtsdestotrotz berichten Zeitungen immer wieder über Skandale in Einrichtungen. Dass Mitarbeiter, die Betreute schlagen oder demütigen, in Heimen nichts zu suchen haben, müsste sich eigentlich herumgesprochen haben. Müsste! Ist die aktuelle Betreuung mit dem Fürsorgeprinzip vereinbar?

Tab. 4.1 Rollen und Unternehmenskultur

	Mobbingkultur	Partnerkultur
Rolle des Personals	Ausgrenzende Anweisungen	Partner und Berater des Bewohners
Rolle des Bewohners	Unwissender Untertan	Mündiger Bewohner
	Abhängiger Laie	Partner des Personals

Aufgelesen

Die Presse berichtet 2013, dass Jugendliche in den Heimen der Haasenburg GmbH in Brandenburg an Liegen gefesselt worden sind. Außerdem gab es Knochenbrüche und zwei Todesfälle in den Jahren 2005 und 2008. Um der demütigenden Gewalt zu entgehen, laufen mehrere Jugendliche aus dem Heim weg. Ein 19-jähriger erstattet Strafanzeige, weil ihn das Heimpersonal öfter über längere Zeit ans Bett gefesselt hat. Ein weiterer Jugendlicher berichtet von Fixierungen, Körperverletzungen, Beleidigungen und Nötigungen. Da Fachleute die Missstände in den Brandenburger Kinderheimen bestätigten, wird zuerst ein Aufnahmestopp verhängt und Mitarbeiter entlassen. Wenige Monate später kommt Brandenburgs Jugendministerin Martina Münch (SPD) zu folgender Einsicht: „Ich halte die Einrichtungen der Haasenburg GmbH für nicht reformierbar (Münch 2013)." Nach den schweren Misshandlungen sollen die umstrittenen Haasenburg-Heime geschlossen werden.

Heimbewohner brauchen eine sichere Umgebung. Sie dürfen weder körperlicher noch seelischer Gewalt ausgesetzt sein. Manche Berater versuchen bei Mobbing nur die Betroffenen oder nur die Mobber zu ändern. Gelegentlich lässt sich damit der Teufelskreis des Mobbings auch kurz unterbrechen. Doch dauerhaft ist damit Mobbing nicht wirksam beizukommen. Je weiter der Mobbingprozess vorgeschritten ist, desto schwerer lässt er sich aufhalten. Dennoch liegt ein Schlüssel zur Bewältigung der Krise im Erkennen der Anliegen. Denn Menschen streben danach, ihre Bedürfnisse zu erfüllen. Das ist lebenswichtig. Doch die abstrakten Bedürfnisse treten oft zeitgleich auf. Das macht die Sache unübersichtlich. Beispiel: Jemand hat starken Durst. Er möchte deshalb etwas trinken. Andere Anliegen rücken solange zurück. Sobald er aber getrunken hat, merkt er, was er außerdem zu einem erfüllten Leben braucht.

Eine Partnerschaft lebt von wohlwollenden Austausch. Eng damit verknüpft ist die Partnerkultur. Eine solche Unternehmenskultur ist geprägt von Achtsamkeit, Vielfalt und Toleranz. Eine Partnerkultur fördert nicht nur die Gesundheitspotentiale für die Beschäftigten, sie leistet auch einen positiven Beitrag zum Betriebsergebnis (Badura et al. 1997) (Tab. 4.1).

Besonders wichtig sind Beziehungen zu Menschen, mit denen wir sonst wenig in Kontakt sind, weil sie womöglich aus einer anderen Kultur kommen. Aber über was können wir da reden? Hier gilt es, kreativ zu sein. Ein gutes Thema, um interkulturell ins Gespräch zu kommen, sind unterschiedliche Feste. Wussten Sie, dass türkische Mitarbeiter und Bewohner darüber staunen, dass Feste mit religiösen Hintergrund, wie Nikolaus, Weihnachten und Ostern in unseren Kindereinrichtungen eine wichtige Bedeutung haben? Fragen Sie Kollegen mit Migrationshintergrund: „Wie ist das eigentlich in Ihrer Kultur?" Sie werden erstaunt sein, welch interessante Gespräche sich daraus entwickeln.

„Der Mensch ist nicht von Natur aus egoistisch, uns beherrschen vielmehr unfreiwillige altruistische Triebe", stellt der Verhaltensforscher Frans de Waal (2012) in einem Interview fest. Der Verhaltensforscher vergleicht den pazifistischen Bonobo-Affen mit der menschlichen Natur. Denn Menschen sind soziale Wesen. Der Wunsch nach Partnerschaft, ist eine starke Sehnsucht von uns. Diese bewegt uns und verbindet Gemeinschaften, Familien und Gesellschaften. Menschen können wählen, ob sie sich für Partnerschaft oder Mobbing entscheiden.

▶ **Bitte beachten Sie** Die Partnerkultur bietet neben materiellen Nutzen auch einen hohen Wert, der sich nicht direkt in Geld beziffern lässt. Denn Angestellte setzen ihr hohes Potenzial ein, wenn sie merken, dass das Management an sie glaubt. Haben Sie deshalb Mut zur Vielfalt. Seien Sie aufgeschlossen für unterschiedliche Geschlechter und Altersgruppen im Team. Bringen Sie wenn machbar Menschen aus verschiedene Nationen und Kulturen in den Arbeitsgruppen zusammen.

4.2.1 Partnerschaft zwischen Personal und Bewohnern

Im Sinne der Partnerkultur ist es notwendig, die bislang unbeachteten Grundbedürfnisse öffentlich zu machen. Indem der Gesetzgeber Patientenrechte stärkt und entwürdigende Maßnahmen wie Fixierungen verbietet, wirkt er der Mobbingkultur entgegen (Tab. 4.2).

Eine Partnerschaft setzt voraus, dass wir über uns selbst entscheiden können. Die partnerschaftliche Beziehung zwischen Bewohnern und Personal ist bei Entscheidungen ausschlaggebend. Das Personal hat die Aufgabe, den Bewohner umfassend über seine Lage zu informieren. Nur wenn der Betroffene über die Vor- und

Tab. 4.2 Checkliste Partnerkultur

Was ist das?	In einer Partnerkultur treffen die Mitglieder Entscheidungen auf Augenhöhe. Besonders Heime sind aber stark hierarchisch organisiert. Solche Hierarchien begünstigen oft Mobbing
Was ist der Plan?	Es geht darum, die Weichen für die Organisationsentwicklung zu stellen
Was tun?	*Praxistipps für Führungskräfte*:
	Schaffen Sie ein sicheres Umfeld, um eine Kultur zu ermöglichen, in der Vertrauen untereinander herrscht
	Räumen Sie im Arbeitsalltag Zeit für ein Begrüßungsblitzlicht ein. Dies ermöglicht allen Mitarbeitern, Gefühle und Bedürfnisse auszudrücken
	Teilen Sie in jede Schicht einen Mitarbeiter mit fortgeschrittenen Empathie Kenntnissen ein
	Persönlichkeitsentwicklung verläuft prozesshaft. Planen Sie daher regelmäßige Schulungen
	Nehmen Sie Deeskalationsmaßnahmen in die Behandlungsplanung auf: Besonders Patienten in Altenheimen oder psychiatrischen Einrichtungen benötigen einen Deeskalationsplan. In die Planung soll enthalten sein, was die Patienten beruhigt
	Reduzieren Sie Klatsch und Gerüchte. Mitarbeiter sollen direkt mit den Personen sprechen, mit denen sie Probleme haben
	Vereinbaren Sie einen Empathie-Code. Wenn ein Mitarbeiter sich nicht angemessen verhält, kann ihm dies ein anderer deutlich machen, indem er sagt: „Du wirst verlangt." Dann kann er sich zurückziehen und sich Empathie holen
	Führen Sie Entscheidungsmodelle ein, die auf Gruppenabstimmung basieren (wie Systemisches Konsensieren)
	Ermutigen Sie die Angestellten, sich zu vernetzen. Vor allem wenn Entscheidungen anstehen, die ihre Arbeit beeinflussen
Checkliste	Handelt es sich um eine stark hierarchisch organisierte Einrichtung?
	Sind die Angestellten gleichberichtigt?
	Sind Mitarbeiter in Empathie und Kommunikation geschult?
Weitere Elemente	*Politischer Handlungsbedarf*:
	Soziale Einrichtung materiell und personell ausreichend ausgestatten
	Kommunikation: Schulung und Training ausbauen
	Individuelle Pflege und Betreuung der Patienten erfordert kleine Einheiten.
	Supervision stärken: Um körperliche und seelische Gewalt zu verhindern, brauchen die Angestellten externe Begleitung
	Betroffene beteiligen. Angehörigen in die Pflege einbinden
	Bei der Aufnahme von Patienten in eine Pflegeeinrichtung sind Informationen über die Bedürfnisse des Patienten und der Bezugspersonen wichtig

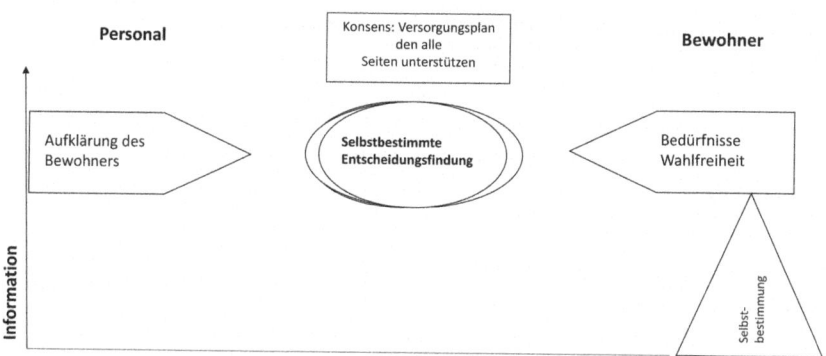

Abb. 4.2 Modell: Partnerkultur in Heimen. (Quelle: Eigene Darstellung)

Nachteile einer Behandlung Bescheid weiß, hat er eine tatsächliche Wahlmöglichkeit. Er benötigt hierzu aber einen hohen Informationsstand (Abb. 4.2).

4.2.2   So enttarnen Sie Mobbing-Systeme

Ausgrenzende Bedingungen begünstigen eine Atmosphäre des Misstrauens unter den Beteiligten. Besonders in strengen Hierarchien werden unterschwellige Spannungen kaum mehr angesprochen. Die ablehnende Haltung drückt sich dann über die Sprachfärbung und die Körpersprache aus. Mobbing wird deshalb oft erst bemerkt, wenn es zu spät ist. Vielleicht sogar erst nach einem Selbstmord oder einem Amoklauf. Tabelle 4.3 zeigt Möglichkeiten, die solche Eskalationen verhindern können.

Der amerikanische Psychologe Thomas Gordon veröffentlicht 1970 zwölf ausgrenzende Strategien (Abb. 4.3). Denn über das Gesprächsverhalten manipuliert so mancher Machtmensch seine Gesprächspartner. Bei einem solchen Gesprächsstil wird der Gesprächspartner nicht akzeptiert, sondern manipuliert. Diese Kommunikationssperren helfen auch Mobbing-Systeme zu enttarnen.

4.2.3 Drei zentrale Lektionen: Partnerkultur

Menschen sind wohlwollend. Auch wenn etwas die Nachrichten aus der Tagesschau anderes vermuten lassen, helfen Menschen gern. Damit wir mittellose Menschen in unserer Gesellschaft teilhaben lassen, sind drei Ansatzpunkte in Erwägung zu ziehen:

Tab. 4.3 Checkliste Eskalation verhindern

Was ist das?	Eskalation bedeutet, dass sich der Streit verschärft
Was ist der Plan?	Kompetenz stärken: Um Gewalt zu verhindern, ist es bedeutend angespannte Situationen aufzulösen
Was tun?	*Praxistipps für Führungskräfte:*
	Wichtig ist, die Situation zu kontrollieren, aber nicht den Patienten
	Reagieren Sie zeitig und angemessen
	Schätzen Sie die Situation umfassend ein: Biografie, Krankheit, Gesamtlage
	Schützende Gesichtspunkte sind: andere Helfer, Fluchtmöglichkeiten, gefährliche Sachen im Blick
	Eigenes Verhalten: selbstsicher und besonnen
	Betroffene respektvoll, aufrichtig und fair begegnen
	Deutliche Haltung zur Gewaltfreiheit in der Einrichtung zeigen
	Aufrichtiger Umgang mit allen Gewaltformen (seelisch oder körperlich)
	Machtkampf meiden: Keine dominanten Machtspiele (Wer ist im Recht?)
Checkliste	Wer ist beteiligt?
	Welche Vorgeschichte haben die Beteiligten?
	Welche Aufgaben übernehmen die beteiligten in der Gruppe?
	Welche Umstände haben den Fall eskalieren lassen?
	Wie haben Sie sich verhalten? Wie hat sich ihr Gegenüber verhalten?
Weitere Elemente	*Politischer Handlungsbedarf:*
	Soziale Kompetenzen der Beteiligten entwickeln
	Quellen für Gewalt untersuchen und offen legen
	Rahmen schaffen in denen die Menschen ihre Bedürfnisse politisieren können
	Bedarfsgerechte Versorgung von sozialbenachteiligten Menschen sichern

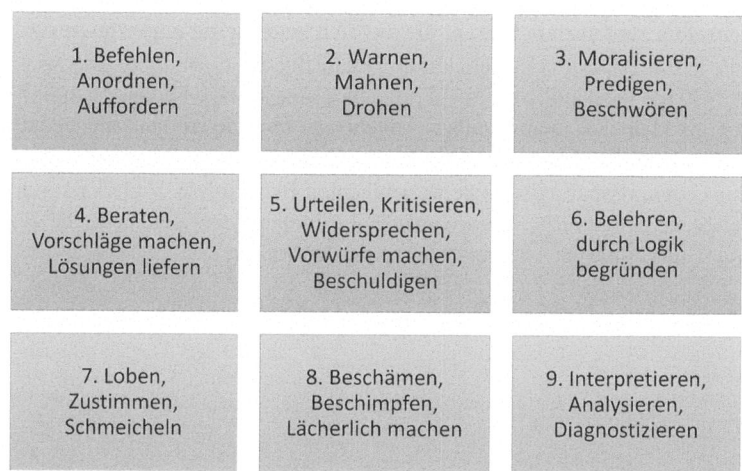

Abb. 4.3 Kommunikationssperren nach Thomas Gordon (Gordon 1970)

1. **Einfühlsames Geben und Nehmen ist dem Menschen in die Wiege gelegt**
   Menschen macht es große Freude, wenn sie von sich aus das Leben der anderen bereichern. Hilfsbereitschaft ist in allen Gesellschaften Teil des menschlichen Zusammenlebens. Wer allerdings in einer Mobbingkultur lebt, kann den Eindruck bekommen, dass Ausgrenzung zu unserer menschlichen Natur gehört. Dieser Eindruck ist falsch! Denn Ausgrenzung drückt immer innere Not aus. In einer einfühlsamen Haltung versöhnen wir uns. Das gegenseitige Vergleichen und Bewerten in Besser und Schlechter verliert an Bedeutung. Stattdessen konzentrieren wir unsere Aufmerksamkeit darauf, was wir gerade fühlen und brauchen.

2. **Hinter jedem Angriff steckt Schmerz**
   Menschen streben danach, ihre Bedürfnisse zu erfüllen. Denn unerfüllte Bedürfnisse bedeuten Schmerz. Sobald bei einem Lebewesen die Schmerzgrenze überschritten wird, reagiert es aggressiv. Die Schmerzgrenze wird aus Sicht des Gehirns keineswegs nur dann überschritten, wenn Menschen körperlicher Schmerz zugefügt wird. Die Schmerzzentren des Gehirns reagieren auch dann, wenn Menschen sozial ausgegrenzt oder gedemütigt werden (Bauer 2011). Der Begründer der Gewaltfreien Kommunikation (GFK) Marshall Rosenberg sagt es so: „Gewalt kommt von dem Glauben, dass andere Menschen unsere Schmerzen verursachen und dafür Strafe verdienen (Rosenberg 2012, S. 142)".

3. **Menschen sind soziale Wesen, die auf sich gegenseitig angewiesen sind**
Viele Familien kümmern sich, um ihre bedürftigen Angehörigen. Das ist wegen der Notlage verständlich. Sobald pflegende Angehörige überlastet sind, ist der Weg ins Heim oft unabwendbar. Angehörige übertragen dann die Verantwortung und fühlen sich damit meistens sehr unwohl. Aber jedes Bedürfnis dient dem Leben, deshalb gibt es keine schlechten Bedürfnisse. Viele Faktoren sind für solche Situationen verantwortlich. Es braucht eine ganzheitliche Bewertung. Gut-Böse-, Täter-Opfer-Denken greifen zu kurz.

Praxisbeispiele mit gewaltfreien Versorgungskonzepten

Wege entstehen dadurch, dass man sie geht.
Franz Kafka

Menschen wollen ihr Leben zu Hause und nicht im Heim verbringen. Dies trifft auch zu, wenn sie angeblich auf einer Station besser versorgt sind. Daher hat sich im Gesundheitswesen der Grundsatz „ambulant vor stationär" etabliert. Pflegedienste werben mit Slogans wie: „Im Mittelpunkt der Mensch" oder „Pflege mit Herz". Ambulante Dienste, Tagesstätten, Beratungen, Kommunikationstrainings sind Beispiele für wirksame Konzepte. Wie setzen die Dienste die Anliegen des Klienten nach größtmöglicher Lebensqualität und Teilhabe am Alltag wirksam um?

Zuhören, wertschätzen, Vertrauen herstellen und seine Erregung dämpfen sind wohltuende Sofortmaßnahmen, Manche Vorsorgungskonzepte setzen berets auf diese gewaltfreien Lösungswege. Hier sind drei Beispiele.

5.1 Praxisbeispiel: Auf dem Weg zur einfühlsamen Familie

Was geht in mir vor? Was fühl ich? Was brauch ich? Welche Strategien find ich gut? Solche Fragen helfen, mehr Klarheit über sich zu bekommen. Die Gewaltfreie Kommunikation hilft auch einfühlsamer mit dem Gegenüber und gelassener mit Belastungen umzugehen. Davon kann die gesamte Familie profitieren.

Wie eine Familienfreizeit ausgegrenzte Familien unterstützt Familie und Beruf belastet Eltern und Angehörige doppelt. Familien brauchen daher einen Rahmen, in dem Menschen friedvoll miteinander leben wollen. Dass dies gelingen kann

© Springer Fachmedien Wiesbaden 2015
M. Dietl, *Mobbing im Heim*, DOI 10.1007/978-3-658-06251-4_5

bestätigt ein Teilnehmer der Familienfreizeit, wenn er sagt: „Urlaub mit Kindern und am Ende sind alle erholt und zufrieden – ein frommer Wunsch? Diesmal war es so".

Die Familienfreizeit ist für alle gedacht, die einen einfühlsamen Umgang innerhalb ihrer Familie und anderen nahen Beziehungen leben wollen. Familie wird umfassend verstanden – nicht nur die klassische Vater-Mutter-Kind-Familie. Willkommen sind in der Freizeit alle, die sich als Familie begreifen. Von der klassischen Familie, über Familien mit einem Elternteil, erwachsene Kinder mit ihren Eltern, Oma-Mutter-Enkel und so weiter.

Die Sonja-Reischmann-Stiftung schickt zudem jedes Jahr Frauen, die bereits Gewalt erfahren haben. Der Mit-Initiatorin der Familienfreizeit Marianne Sikor liegen diese Frauen besonders am Herzen. „Diese Menschen blühen oft allein durch die Atmosphäre auf und merken so kann man ja auch miteinander umgehen", sagt sie. Die Familienfreizeit erreicht damit Menschen, bei denen ein friedvoller Umgang mit sich und anderen dringend gebraucht wird.

Wurzeln der Ausgrenzung überwinden Die Leute denken jemand sollte anders sein und regen sich auf, sobald sie nicht so sind. Ausgrenzung lässt sich vorbeugen, falls Familienmitglieder rechtzeitig Unterstützung suchen. Hilfe bieten: Übungsgruppen, Familienfreizeiten, Seminare, Coachings mit Gleichgesinnten.

Besonders hilfreich ist es Probleme offen anzusprechen. Unsichere Menschen haben vor diesen Schritt Angst. Aber ohne ein Gespräch lässt sich der Konflikt meist nicht bewältigen. Noch besser ist, wenn Kinder gleich in einem einfühlsamen Umfeld aufwachsen. Marianne Sikor meint, dass es einen kritischen Punkt im Kindergartenalter gäbe. Kinder glauben dann plötzlich, jemand sei böse, weil ein anderes Kind etwas tut, was ihm nicht gefällt. Laut der Trainerin ist es dann wichtig, dies zu übersetzen: „Aha- der hat etwas getan, was du nicht magst. Was hat er denn genau getan?" Durch diese Übersetzung lässt sich dem Kind vermitteln, dass es unterscheiden kann zwischen der Person und der Handlung und dass ein Mensch nicht böse ist, wenn er etwas tut, was wir nicht mögen.

„Viele Familien sind, ohne sich dessen bewusst zu sein und ohne dies zu wollen, Brutstätten für eine spätere Gewaltbereitschaft der in ihnen lebenden Kinder. Kinder, die keine zuverlässigen Bindungen zu ihren Bezugspersonen haben, um die sich kaum jemand kümmert und für die niemand Zeit hat, leben im Zustand der Ausgrenzung", schreibt der Mediziner Joachim Bauer (2011, S. 124). Eltern stellen oft eigene Belange zurück. Worauf sie unzufrieden werden. Daraus resultierender Ärger verzerrt die Beobachtung. Grenzüberschreitungen unter den Beteiligten kommen daher immer wieder vor. Doch sobald wir die Wurzeln der Gewalt erkennen, fällt es uns in Zukunft leichter diese zu überwinden.

5.2 Praxisbeispiel: Teilhabe für Schmerzpatienten

Die bisherige Ausgrenzung von Schmerzpatienten aus dem Gesundheitswesen wurde mit der weiteren Beschränkung von Mitteln durch rigide Budgets nicht nur fortgeschrieben, sondern sogar verschlimmert. Dietrich Jungck

In Deutschland leidet jeder sechste Bürger an chronischen Schmerzen (Wolff et al. 2011). Die Ursachen für den dauerhaften Schmerz sind oft soziale und seelische Belastungen in Verbindung mit ungünstigen Bewältigungsstrategien. Vernetzte Versorgungsformen bieten vielfältige Möglichkeiten. Denn im traditionellen System gestaltet sich der Zugang zu wichtigen Informationen schwierig. Wie sieht moderne Schmerzbehandlung aus?

Eine wirksame Versorgung der deutschen Schmerzpatienten erfordert die Zusammenarbeit verschiedener Fachrichtungen und die Vernetzung von Heimen, Kliniken, Praxen und Rehabilitationseinrichtungen. In den neuen Versorgungskonzepten sind verschiedene Fachdisziplinen wie Pflegekräfte, Hausärzte, Fachärzte, Therapeuten und Kliniken eingebunden. Sie verbessern die Versorgung bei geringeren Kosten. Zu diesen Versorgungsformen zählt beispielsweise die multimodale Schmerztherapie. Ziel von interdisziplinären Schmerzeinrichtungen ist es, die Schonhaltung und Hilflosigkeit der Schmerzpatienten zu verringern. Denn interdisziplinäre Teams steigern die Aktivität des Betroffenen.

Es mangelt jedoch an solchen interdisziplinären Einrichtungen. Dies belegt besonders der internationale Vergleich, den die Pain in Europe Studie (Breivik et al. 2006) anstellt. Danach sucht nur jeder zehnte Schmerzpatient einen Schmerztherapeuten auf. In Italien geht beispielsweise knapp die Hälfte der Betroffenen zum Schmerztherapeuten. Deutschland ist damit im europäischen Vergleich an vorletzter Stelle. Der Großteil der Schmerzpatienten bekommt ein Medikament verschrieben, sehr wenige erhalten interdisziplinäre Schmerztherapie, Psychotherapie oder Rehabilitation. Es ist wichtig, die Schmerz- und Palliativversorgung auszubauen und umfangreich zu unterstützten.

Schmerzpatienten benötigen neben medizinischem Fachwissen auch psychologische, pflegerische, soziale und/oder spirituelle Unterstützung. Bei der Behandlung von Schmerzpatienten ist zu beachten, dass erlebte Gewalt im Schmerzgedächtnis gespeichert wird. Deshalb ist sie uns oft nicht bewusst. Unterschwellige Belastungen lösen aber nicht selten chronische Schmerzen aus.

Hausärzte nehmen bei der Behandlung von chronischen Schmerzpatienten eine Schlüsselfunktion ein. Doch die Aufgaben der Hausärzte befinden sich im Wandel. Sie verlieren zunehmend ihre „Gatekeeper" Funktion (Abb. 5.1). Durch die Vernetzung der neuen Versorgungsformen entstehen allerdings vielfältigere Möglichkeiten.

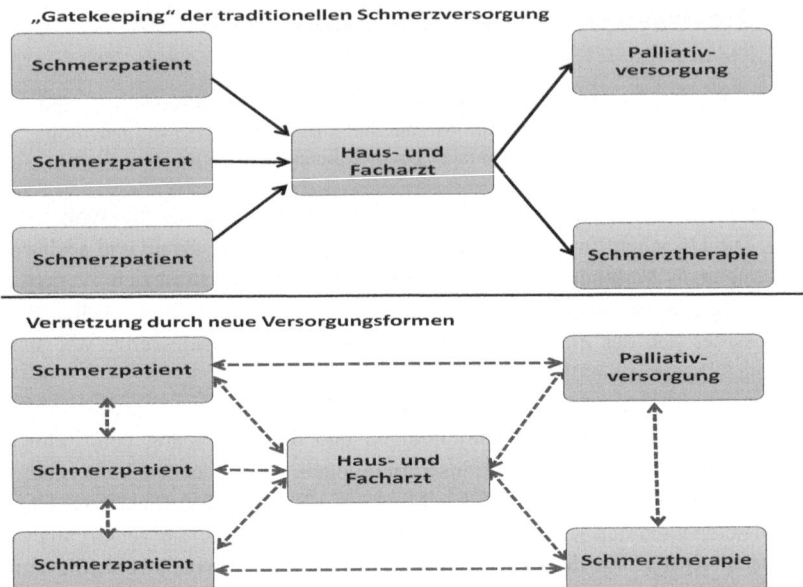

Abb. 5.1 Gatekeeping versus neue Versorgungsformen. (Quelle: Eigene Darstellung, angelehnt an Meier (2007))

5.3   Praxisbeispiel: Zu Hause sterben

5.3.1   Neue Versorgungsformen ermöglichen ein menschenwürdiges Lebensende

Die gesetzlichen Krankenkassen übernehmen seit 2007 Leistungen in Hinsicht auf die spezialisierten ambulanten Palliativversorgung (SAPV). Die neue Versorgungsform ist ein Hilfeangebot für Sterbende. Das ambulante Palliative Care Team des Klinikums der Universität München besteht seit 2009.

Im Palliativ-Team arbeiten verschiedene Fachleute. Die Hierarchien sind flach. „Es gibt in allen Bereichen einen Austausch", erläutert Berend Feddersen. Das Team ist breit aufgestellt. Neben mehreren Medizinern und Pflegenden wirken eine Psychologin, eine Seelsorgerin, eine Atemtherapeutin und eine Apothekerin mit. Von höchster Bedeutung ist die Beherrschung der Schmerzen und Krankheitsbeschwerden.

Palliativ lässt sich aus dem Lateinischen Pallium herleiten und bedeutet um-
manteln. Es ist ein ganzheitliches Verfahren, der körperliche, seelische, soziale und
spirituelle Bedürfnisse des Sterbenden berücksichtigt. Untersuchungen ergaben,
dass durch ambulante Hospizdienste bis zu 96 % der betreuten Menschen in ihrer
vertrauten Umgebung sterben können.

Die Versorgungslage Aktuell gibt es deutschlandweit rund 150 SAPV-Teams
(Dietl und Korczak 2013). Dabei arbeiten ausgebildete Palliativfachkräfte mit
regionalen Hausärzten zusammen. Im Gegensatz dazu besitzen SAPV-Teams
separate Verträge mit Krankenkassen und Palliativmedizinern. „Die SAPV-Teams
ergänzen das bestehende Versorgungsangebot zu den Vertragsärzten, Krankenhäusern und Pflegediensten. Die spezialisierte Versorgung bedeutet: alleinige Bera-
tungsleistung, zusätzliche unterstützende Teilversorgung oder eine vollständige
Patientenbetreuung. Es bleiben dabei andere Sozialleistungsansprüche unberührt",
sagt der Oberarzt.

Der Bedarf an solchen Diensten steigt in den kommenden Jahren aufgrund des
demografischen Wandels. Trotzdem ist der Ausbau der ambulanten Palliativversorgung nicht allein durch die Zunahme an Pflegebedürftigen zu begründen, sondern
damit, dass die meisten Leute den Wunsch haben, daheim zu sterben. „Wenn man
auf der Straße fragt, wollen 66 bis 80 % der Bevölkerung zu Hause sterben, aber
über 50 % sterben im Krankenhaus und weitere 25 % im Pflegeheim", zitiert der
Palliativmediziner eine Umfrage (Deutscher Hospiz- und PalliativVerband 2012).
Die ambulante Palliativversorgung tut hierbei einiges, um diese Kluft zu überwinden. „Der Bedarf ist groß. Und es ist oft schwierig für uns, Sterbende abzulehnen.
Diese Versorgungslücke klafft vor allem im ländlichen Raum."

Ambulante Palliativversorgung entlastet Angehörige Die Palliativversorgung
entlastet Patienten und Angehörige (Dietl und Korczak 2011). Denn mit dem Team
können sie offen über das Sterben und den Tod sprechen. Nach Erfahrungen des
Oberarztes steht das Thema Tod im Raum der Betroffenen, aber keiner spricht
darüber. Dabei täte es den Beteiligten gut, über ihre Ängste und Sorgen zu reden –
sozusagen den Elefanten im Raum anzusprechen. Berend Feddersen beeindruckt
das Vertrauen, das ihm die Leute entgegenbringen. „Wir kommen ganz offen, ohne
Kittel – unsere Ritterrüstung hinter der wir uns sonst gerne verschanzen. Dadurch
entsteht schnell eine Vertrauensbasis". Im Krankenhaus fallen oft Floskeln, wie
„Der Patient ist austherapiert. Man kann nichts mehr machen". Das SAPV-Team
sieht das anders: „Wir können noch ganz viel machen. Es ändert sich das Ziel.
Das Ziel ist jetzt der Mensch – mit seinen individuellen Bedürfnissen und seiner
Lebensqualität". Dadurch fühlen sich die sterbenden Patienten geborgen.

Auch für die Angehörigen ist es wichtig, wenn der Patient zu Hause bleiben kann, und sie ihn begleiten können. Es gibt den trauernden Angehörigen viel Kraft und hilft ihnen bei der Verarbeitung des Verlustes.

Über den Umgang mit dem Sterben Das Team weiß, dass für ihre Patienten der Tod unausweichlich ist. Die Fachkräfte nehmen sich Zeit für die Sterbenden. Emotional ist diese Arbeit anspruchsvoll und das Palliativ-Team muss einen Mittelweg finden. „Wenn das komplett Routine wäre, dann könnten wir die Arbeit nicht gut machen. Es darf einen aber auch nicht zu sehr emotional belasten", sagt der Arzt. Deshalb tauschen sich die Fachleute untereinander aus, und damit die Belastungen nicht zu groß werden, finden regelmäßig Supervisionen statt. „Wir machen im Team auch Totengedenken und nehmen von unseren Patienten Abschied", erzählt der Palliativ-Mediziner. Das gibt dem Team die Möglichkeit, sich wieder auf neue Patienten und Situationen einzulassen. Durch den ständigen Umgang mit dem Thema Tod sehen die Angestellten ihr Leben aus einem anderen Blickwinkel. Berend Feddersen: „Vieles relativiert sich und die Frage der Lebensbalance gewinnt an Bedeutung".

5.3.2 Interview: „Wir machen jetzt alles, dass es Ihnen gut geht"

Wie das Spezialisierte Ambulante Palliativ Care Team Melitta Walter bis zu ihrem Lebensende begleitet Melitta Walter (63) hat am 15. Oktober 2012 erfahren, dass sie unheilbar an Krebs erkrankt ist. „Die Nachricht kam aus heiterem Himmel", erläutert sie. Ihre Hausärztin empfahl ihr aufgrund des folgenden Todes die spezialisierte ambulante Palliativversorgung (SAPV) des Klinikums der Universität München in Anspruch zu nehmen. „Die haben gute Leute." Seit knapp zwei Wochen ist Melitta Walter Patientin des SAPV-Teams. Dieses ermöglicht ihr das Lebensende zu Hause zu verbringen. Bislang beriet die Pädagogin für den Bayerischen Rundfunk in der Radiosendung Notizbuch ihre Hörer zu Erziehungsfragen. Sie ist eine Frau, die in ihrem Leben schon viele Themen mutig benannt hat. Melitta Walter macht einen stabilen Eindruck. Ihr Mann kocht Tee und übernimmt das Handy. Während sie erläutert, dass sie gerne den Fernsehsender Phoenix einschaltet, zieht ihr Mann die Augenbrauen hoch: „Du siehst doch nicht nur Nachrichten, sondern viel lieber Seifenopern", witzelt er. Es wird gelacht und doch manchmal auch ein wenig geweint. In dieser Ambivalenz meistern beide ihren Alltag. Der Autor interviewte Melitta Walter in ihrem Wohnzimmer.

Frau Walter, was hat Sie dazu bewogen, sich an das SAPV-Team zu wenden?
Auslöser war eine schwere Atemnot. Zum Glück war mein Mann da. Danach habe ich realisiert, dass ich solche Attacken meinem Mann und meinen Kindern nicht zumuten kann.

Wie reagierte Ihre Umgebung auf die Nachricht, dass Sie sterben werden?
Die Menschen überlegen, was sie mir Gutes tun können. So bringen sie mir beispielsweise Aufbaunahrung und haben in kürzester Zeit tausend Sachen in mein Zimmer gestellt. Alle wollen versuchen, mein Leben zu verlängern. Doch ich kann Ihnen sagen: Ihr braucht euch keine Gedanken machen. Das regeln wir jetzt auf einer anderen Ebene. Das tut mir gut.

Sind Sie mit dem Angebot des SAPV-Teams gut versorgt?
Ja, die Erfahrung ist umwerfend. Zwei Leute von der ambulanten Palliativversorgung fragten mich, was ich noch brauche. Als ich sagte, dass mir meine Beine morgens wehtun, halfen sie mir mit Lymphdrainage.

Das SAPV-Team hat also für jedes Problem eine Lösung?
Ja, als ich sagte, ich kann mein Atmen nicht mehr steuern, hatte ich zwei Tage später eine Atemtherapeutin an der Seite. Die arbeiten einfach sehr schnell, weil sie wissen, meine Uhr tickt.

Schlägt sich das auf die Stimmung bei den Besuchen nieder?
Überhaupt nicht. Wir lachen viel zusammen und ich erzähle ihnen meine Alltagsproblemchen, wie ich will. Ich kann auch einfach mal in Tränen ausbrechen, wenn mir meine Situation hochkommt. Dann nimmt mich das Team in den Arm, weil sie wollen, dass es mir gut geht.

Und das hilft?
Ja. Außerdem halten sie mir und meiner Familie den Rücken frei. Meine Kinder haben immer Angst um mich. Sie wohnen weit entfernt und können im Notfall nicht sofort hier sein. Jetzt wissen meine Kinder, dass ich das Palliativ-Team zur Unterstützung hier habe und ich so von jemandem auf meinem letzten Weg begleitet werde. Das entspannt auch das Leben meiner Kinder und gibt mir Rückhalt, dass die sich nicht permanent mit meinem Tod auseinandersetzen müssen. Ich schwimme in diesem Rückhalt. Ich weiß, dass es bald ganz eng wird, doch dann ist jemand an meiner Seite.

Wie lebt es sich mit dem Tod vor Augen?
Wenn ich mit meinen Kindern telefoniere, und sie mich fragen, ob sie Weihnachten oder Silvester bei mir verbringen können, dann antworte ich, dass ich nicht voraussagen kann, ob ich dann noch lebe. Wenn dann eine Diskussion aufkommt, frage ich süffisant, ob ich nicht sterben darf, wenn es, soweit ist…

In den 60er Jahren war Melitta Walter Kinderkrankenschwester. Sie hat in Berlin den ersten Kinderladen mitbegründet. Später war sie Bundesvorsitzende von Pro Familia. Sie hat viel bewegt in ihrem Leben. Sogar in ihrer letzten Lebensphase gelingt es ihr, durch ihren Mut Vorbild für andere zu sein. Durch die Bekanntheit ihres Namens unterstützt sie die Palliativversorgung, damit Leute in einer ähnlichen Situation wissen, wo sie Trost finden. Palliativschwester Susanne Zimmerling (47) bestätigt: „Die Offenheit von Melitta Walter ist nicht alltäglich. Menschen sprechen von sich aus weniger entspannt über das Sterben und den Tod. Melitta Walter ist eher die Ausnahme". Über sich sagt Melitta Walter: „Ich habe drei Leben gleichzeitig gelebt: Ehefrau, Mutter, immer berufstätig. Ich habe Initiativen gestartet und sehr aktiv gelebt. Deswegen kann ich jetzt auch gut sterben".

Das Interview fand am 21.11.2012 statt.

Ausblick: Wandel zur Beteiligung 6

Die Bundesrepublik hat 2009 die Konvention der Vereinten Nationen zu den Rechten von behinderten Menschen unterzeichnet (United Nations, 2013). Deutschland verpflichtet sich darin, ausgegrenzte Menschen einzubeziehen. Behinderte Menschen sollen genauso behandelt und versorgt werden, wie die anderen Menschen. Aber unser Land ist noch stark von Ausgrenzung geprägt.

Sogar manche Ärzte weigern sich, behinderte Menschen zu behandeln. Die Abfuhr begründen sie mit dem Zeit- und Kostenaufwand sowie mit der Sorge um ihr Ansehen. Andere Mediziner stellen behinderte Menschen mit Medikamenten ruhig. Angeblich um die Kooperation zu verbessern. Dieses Ruhigstellen hat dann Folgen, wie Stürze oder Lungenentzündungen. Solche Mängel im Gesundheitssystem gehen aus einer Studie der Evangelischen Stiftung Alsterdorf hervor (Steffen & Blum, 2012). Außerdem berichtet die Untersuchung, dass Gebäude nicht barrierefrei sind. Es mangelt an Personal. Die Mitarbeiter fühlen sich zu wenig in die Betroffenen ein, weil ihnen die Zeit fehlt. Die Studie berichtet auch von einem schroffen Umgangston. Dieser zeigt sich in Aktionen, die sich gegen den Willen der Patienten richten. Die Betreuenden sprechen oft über die Betroffenen hinweg. Alles in allem lässt sich feststellen, dass unser Sozialstaat von einer Mobbingpolitik geprägt ist.

In diesem Sozialsystem gibt es anhaltende Verteilungskonflikte. Die Entscheidungspole sind Wirtschaftlichkeit und Menschlichkeit. Sämtliche Entscheidungen enthalten daher politische Aspekte. Ungerecht ist, wenn bestimmte Behandlungen aufgrund einer Benachteiligung, wie die Unkenntnis der Sprache unterschlagen werden. In Heimen sind daher Kriterien wie Gleichheit, Nutzen, Verantwortlichkeit gegeneinander abzuwägen.

© Springer Fachmedien Wiesbaden 2015
M. Dietl, *Mobbing im Heim,* DOI 10.1007/978-3-658-06251-4_6

Sobald Menschen unterschiedliche Teile der begrenzten Ressourcen erhalten, treten Fragen der Verteilungsgerechtigkeit auf: Was soll, wer, wann, wie oft, von wem bekommen? Oder überhaupt: Wozu jemand beteiligen?

Wirtschaftlich betrachtet basiert der Grundsatz der Beteiligung auf dem Denken, dass Organisationen über ein bedeutendes nicht aktives Produktivitätspotenzial verfügen. In Heimen sind dies Bewohner, Angehörige, Freiwillige und Trainer. Um ihre tatsächliche Stärke nutzbar zu machen, sind sie in Entscheidungen einzubeziehen. Beteiligen geschieht auf unterschiedliche Weise. Menschen dürfen wählen, mitarbeiten, oder unterstützen. Nur wenn wir unsere Mitmenschen Teil haben lassen, stabilisieren wir die gesellschaftlichen Verhältnisse. Ausgrenzung schadet hingegen unserer gesamten Gesellschaft.

Fazit

Falls es so etwas wie einen Hauptleitsatz über den gerechten Umgang mit Mitwirkenden gibt, dann lautet er: „Betroffene zu Beteiligten machen." Betroffen sind Personen, die in irgendeiner Form mitwirken. Sie gilt es, bei Entscheidungen einzubinden. Dabei ist es egal, welches Alter, Geschlecht und welche Hautfarbe, sexuelle Orientierung, Behinderung oder Religion jemand hat.

Literatur

Arendt, H. (1960). *Vita activa oder Vom tätigen Leben*. Stuttgart: Kohlhammer.

Badura, B., Münch, E., & Ritter, W., 1997. *Partnerschaftliche Unternehmenskultur und betriebliche Gesundheitspolitik*. Gütersloh: Bertelsmann.

Badura, B., Schnellschmidt, H., & Vetter, C. (2003). *Fehlzeiten-Report 2003*. Berlin: Springer.

Bämayr, A. (2011). Mobbing und strukturelle Gewalt als spezifische Formen der psychischen Gewalt. http://www.baemayr.net/data/mobbing/mobbing-und-strukturelleGewalt_10012011.pdf. Zugegriffen: 19. April 2014.

Bämayr, A. (2012). *Das Mobbingsyndrom: Diagnostik, Therapie und Begutachtung im Kontext zur in Deutschland ubiquitär praktizierten psychischen Gewalt*. Berlin: European University-Verlag.

Basu, A., & Faust, L. (2010). *Gewaltfreie Kommunikation*. Freiburg: Haufe.

Bauer, J. (2011). *Schmerzgrenze – Vom Ursprung alltäglicher und globaler Gewalt*. München: Blessing.

Beauchamp, T., & Childress, J. (1977). *Pinciples of biomedical ehitcs*. New York: Oxford University press.

Berzlanovich, A., Schöpfer, J., & Keil, W. (2012). Todesfälle bei Gurtfixierungen. *Deutsches Ärzteblatt International, 3,* 27–32.

Bitschnau, K. (2011). Ein anderer Weg zum Frieden. *Kommunikation und Seminar, 20*(1), 22–25.

Blum, H., & Beck, D. (2012). *No Blame Approach, Mobbing-Intervention in der Schule*. (3. Aufl.). Köln: Fairaend.

Breivik, H., et al. (2006). Survey of chronic pain in Europe: Prevalence, impact on daily life, and treatment. *European Journal of Pain-London, 10,* 287–333.

Bundesministerium des Innern. (2011). *Demografiebericht: Bericht der Bundesregierung zur demografischen Lage und künftigen Entwicklung des Landes*. Berlin: Bundesregierung.

Burki, J. (2004). Focusing und Gewaltfreie Kommunikation. *Focusing-Journal, 13.*

Butler, J. (2003). *Kritik der ethischen Gewalt.*. Frankfurt a. M.: Suhrkamp.

De Waal, F. (2012). Wieviel Tier steckt im Mensch. *Philosophie Magazin, 50*(6).

Decety, J., & Jackson, P. (2004). The functional architecture of human empathy. *Behavioral and Cognitive Neuroscience Reviews, 3*(2), 71–100.

© Springer Fachmedien Wiesbaden 2015
M. Dietl, *Mobbing im Heim,* DOI 10.1007/978-3-658-06251-4

Del Canale, S., et al. (2012). The relationship between physician empathy and disease complications: An empirical study of primary care physicians and their diabetic patients in Parma, Italy. *Academic Medicine: Journal of the Association of American Medical Colleges, 87*(9), 1243–1249.

Deutsche Presseagentur. (2012). Viele Demenzkranke bekommen unnötig Psychopharmaka. http://www.aerztezeitung.de/medizin/krankheiten/demenz/article/808975/viele-demenzkranke-bekommen-unnoetig-psychopharmaka.html. Zugegriffen: 20. April 2014.

Deutscher Hospiz- und PalliativVerband. (2012). Ergebnisse einer repräsentativen Bevölkerungsbefragung zum Thema „Sterben in Deutschland – Wissen und Einstellungen zum Sterben. http://www.dhpv.de/service_forschung_detail/items/2012-08-20_Wissen-und-Einstellungen-zum-Sterben.html. Zugegriffen: 28. April 2014.

Deutsches Institut für Menschenrechte. (2005). *Handbuch Menschenrechtsbildung Kompass, Zugang zu Medikamenten.* http://kompass.humanrights.ch/cms/upload/pdf/ch/ue_48_ZugangzuMedikamenten.pdf. Zugegriffen: 19. April 2014.

Dieter, A. (2007). *Menschenrechte und Mediation –Wege zur Verwirklichung menschenwürdigen Lebens.* Potsam: Universitätsverlag.

Dietl, M., & Korczak, D. (2011). *Versorgungssituation in der Schmerztherapie in Deutschland im internationalen Vergleich hinsichtlich Über-, Unter- oder Fehlversorgung, Schriftenreihe HTA Bd. 111.* Köln: DIMDI.

Dietl, M., & Korczak, D. (2013). Spezialisierte Schmerzversorgung in Deutschland. *Der Schmerz, 27*(2), 123–128.

Dietl, M., Kornhuber, J., Schöffski, O., & Gräßel, E. (2010). Kosteneffektivitätsmodell eines ambulanten Hilfeangebotes für pflegende Angehörige von Demenzkranken. 72. *Gesundheitswesen, 72,* 99–105.

Drygalla, J. (2011). *Theoretische und empirische Perspektiven auf Mobbing im Berufsalltag Pflegender in Universitätsklinika.* Berlin: Pro Business.

Erdogan, B. (2009). Gesundheitsexperte geißelt Neuroleptikaquote bei Dementen. http://ftp.aerztezeitung.de/politik_gesellschaft/pflege/article/552257/gesundheitsexperte-geisselt-neuroleptikaquote-dementen.html. Zugegriffen: 20. April 2014.

Erzieherin online. (2003). Wie unsozial wird der soziale bereich noch? http://www.erzieherin-online.de/diskussion/brett/viewtopic.php?t=80. Zugegriffen: 18. April 2014.

Esser, A., & Wolmerath, M. (2001). *Mobbing: Der Ratgeber für Betroffene und ihre Interessenvertretung.* Frankfurt a. M.: Bund-Verlag.

EU. (2010). *Experience of discrimination, social marginalisation and violence: A comparative study of Muslim and non-Muslim youth in three EU Member States.* Wien: FRA.

Falland, K., & Nitzschke, B., 2002. *Der „Fall" Wilhelm Reich. Beiträge zum Verhältnis von Psychoanalyse und Politik.* Frankfurt: Suhrkamp.

Fraser, N. (1994). *Widerspenstige Praktiken- Macht, Diskurs, Geschlecht.* Berlin: Suhrkamp.

Fritsch, G. (2010). *Der Gefühls- und Bedürfnisnavigator. Gefühle & Bedürfnisse wahrnehmen. Orientierungshilfe f. Psychosomatik- & Psychotherapiepatienten.* Paderborn: Junfermann.

Fromm, E. (1956). *The art of loving.* New York: Harper.

Fromm, E. (1966). *Die Furcht vor der Freiheit.* Frankfurt: Europäische Verlagsanstalt.

Goethe Institut. (2005). Menschen und Visionen: Manfred Max-Neef. http://www.eco-world.de/scripts/basics/eco-world/service/main/basics.prg?a_no=211. Zugegriffen: 21. April 2014.

Goffman, E. (1973). *Asyle. Über die soziale Situation psychiatrischer Patienten und anderer Insassen.* Frankfurt a. M.: Suhrkamp.

Goleman, D., Boyatzis, R., & Mc Kee, A. (2002). *Emotionale Führung.* München: Econ.

Gordon, T. (1970). *Parent effectiveness training: the no-lose program for raising responsible children.* New York: P. H. Wyden.

Görl, W. (2007). Die Macht der Mosiktos. *Süddeutsche Zeitung, 47.*

Gräßel, E., et al. (2011). Non-pharmacological, multicomponent group therapy in patients with degenerative dementia: A 12-month randomized, controlled trial. *BMC Medicine, 9,* 129.

Gut, N. (2010). Faustschläge statt Medikamente: Heimleiter vor Gericht. http://www.merkur-online.de/lokales/miesbach/landkreis/psychisch-kranke-misshandelt-heimleiter-gericht-766160.html. Zugegriffen: 20. April 2014.

Heinemann, P. (1969). Apartheid. *Liberal debatt, 22*(2), 3–14.

Institut für Demoskopie Allensbach. (2006). *MLP-Gesundheitsreport,* Wiesloch: MLP.

Jacobshagen, N. (2004). Mobbing – ein langer, zermürbender Prozess. *Schweizerisches Medizin Forum, 4,* 873–878.

Kannig, S. (2014). Patient war 60 Tage ans Bett gefesselt. http://www.sueddeutsche.de/bayern/patient-in-psychiatrischer-klinik-tage-ans-bett-gefesselt-1.1875524. Zugegriffen: 30. April 2014.

Keupp, H., Straus, F., Mosser, P., et al. (2013). *Sexueller Missbrauch, psychische und körperliche Gewalt im Internat der Benediktinerabtei Ettal, Individuelle Folgen und organisatorisch-strukturelle Hintergründe.* München: IPP.

Korzilius, H. (2001). Aids-Prozess in Südafrika: David gegen Goliath. *Deutsches Ärzteblatt, 98*(17), A–1095.

Kramer, J., & Alstadt, D. (1995). *Die Guru Papers- Masken der Macht.* Frankfurt a. M.: Zweitausendeins.

Lamby, S. (2012). Depression, Schlaganfall, Selbstmordgedanken – Politiker sprechen offen über seelische Verletzungen https://www.ndr.de/unternehmen/presse/pressemitteilungen/pressemeldungndr9935.html. https://www.ndr.de/unternehmen/presse/pressemitteilungen/pressemeldungndr9935.html. Zugegriffen: 19. April 2012.

Larsson, L., & Hoffmann, K. (2013). *42 Schlüsselunterscheidungen in der GFK.* Paderborn: Junfermann.

Lauterbach, K. (2009). *Gesund im kranken System.* Berlin: Rowohlt.

Lazarus, A. A., Lazarus, C. N., & Fay, A. (2012). *40 Einstellungen, die Ihr Leben zur Hölle machen. Und 40 Auswege.* (2. Aufl.). Stuttgart: Klett Cotta.

Leymann, H. (1993). *Mobbing – Psychoterror am Arbeitsplatz und wie man sich dagegen wehren kann.* Reinbek: Rowohlt.

Lindemann, G., & Heim, V. (2011). *Erfolgsfaktor Menschlichkeit.* Paderborn: Junfermann.

Lorenz, K. (1963). *Das sogenannte Böse. Zur Naturgeschichte der Aggression.* Wien: Dr. G. Borotha-Schoeler Verlag.

Medizinischer Dienst des Spitzenverbandes. (2012). *Qualität in der ambulanten und stationären Pflege.* Köln: MDK.

Mehrabian, A. (1971). *Silent messages.* Belmont: Wadsworth.

Meier, K. (2007). *Journalistik.* Konstanz: UVK.

Meschkutat, B., Stackelbeck, M., & Langenhoff, G. (2002). *Der Mobbing-Report. Eine Repräsentativstudie für die Bundesrepublik Deutschland,* Dortmund: Wirtschaftsverlag NW.

Mielck, A. (2000). *Soziale Ungleichheit und Gesundheit. Empirische Ergebnisse, Erklärungsansätze, Interventionsmöglichkeiten.* Bern: Hans Huber.

Ministerium für Staatssicherheit. (1976). *Richtlinie Nr. 1/76 zur Entwicklung und Bearbeitung Operativer Vorgänge.* DDR: Geheime Verschlusssache.

Mischke, J., & Wingerter, C. (2012). *Frauen und Männer auf dem Arbeitsmarkt – Deutschland und Europa.* Wiesbaden: Statistisches Bundesamt.

Mittler, D. (2013). Gewalt gegen Betreuer. Tatort Wohngruppe. http://www.sueddeutsche.de/bayern/gewalt-gegen-betreuer-tatort-wohngruppe-1.1847865. Zugegriffen: 22. April 2014.

Münch, M. (2013). Aus für Haasenburg-Kinderheime in Brandenburg. http://www.mdr.de/brisant/brandenburg-schliesst-haasenburg-jugendheime100.html. Zugegriffen: 21. April 2014.

Nationaler Ethikrat. (2006). *Selbstbestimmung und Fürsorge am Lebensende.* Berlin: Druckhaus.

Neef, M. M., Elizalde, A., & Hopenhayn, M. (1990). *Entwicklung nach menschlichem Maß, Eine Option für die Zukunft.* Kassel: Cepaur.

Nelting, N. (2010). *Burn Out. Wenn die Maske zerbricht.* München: Goldmann.

Neuberger, O. (1999). *Mobbing: Übel mitspielen in Organisationen.* München: Hampp.

Obama, B. (2006). Literacy and empathy. https://www.youtube.com/watch?v=LGHbbJ5xz3g.

Offermann, C. (1993). *Soziologie für die Altenpflege. Ein Lehrbuch für den Unterricht an Fachschulen für Altenpflege* (2. Aufl.). Stuttgart: Verlag für Altenpflege und Sozialarbeit.

Orth, L. (1999). 150 Jahre Revolution 1848/49: Die demokratische Krankheit. *Deutsches Ärzteblatt, 96*(14), A–936.

Ortony, A., & Turner, T. (1990). What's basic about basic emotions?. *Psychological Review, 97,* 315–331.

Pászor, S., & Gens, K. D. (2004). *Mach doch, was du willst- Gewaltfreie Kommunikation am Arbeitsplatz.* Paderborn: Junfermann.

Reimer, C., Trinkhaus, S., & Jurkat, H. (2005). Suizidalität bei Ärztinnen und Ärzten. *Psychiatrische Praxis, 32,* 381–385.

Rifkin, J. (2005). Langfristig wird die Arbeit verschwinden. http://content.stuttgarter-zeitung.de/stz/page/detail.php/916564. Zugegriffen: 20. April 2014.

Robinson, G., & Maines, B. (2008). *Bullying – A Comprehensive Guide to support Group Method.* London: Sage.

Rogers, C. (1973). *Die Entwicklung der Persönlichkeit.* Stuttgart: Klett.

Rogers, C. (1994). *Die nicht-direktive Beratung.* Frankfurt am Main: Fischer.

Römer, J. (2012). Fixierungen in der Pflege: Gefesselt im Altenheim. http://www.spiegel.de/gesundheit/diagnose/fixierungen-in-pflegeheimen-bettgitter-und-gurte-fuer-den-rollstuhl-a-847529.html. Zugegriffen: 20. April 2014.

Rosenberg, M. (1983). *A Model for Nonviolent Communication.* Gabriola Island: New Society Publishers.

Rosenberg, M. (2004). *Konflikte lösen durch Gewaltfreie Kommunikation. Ein Gespräch mit Gabrielle Seils.* Freiburg im Breisgau: Herder.

Rosenberg, M. (2012). *Gewaltfreie Kommunikation – Eine Sprache des Lebens.* (10. Aufl.). Paderborn: Junfermann.

Rosenberg, M., & Molho, P. (1998). Nonviolent (empathic) communication for health care providers. *Haemophilia: The Official Journal of the World Federation of Hemophilia, 4,* 335–340.

Sachverständigenrat. (2001). *Bedarfsgerechtigkeit und Wirtschaftlichkeit. Band III: Über-, Unter- und Fehlversorgung.* Bonn: SVR.

Schöffski, O., & Graf von der Schulenburg, J. M. (2007). *Gesundheitsökonomische Evaluationen* (3. Aufl.). Berlin: Springer.

Schröder, P. (2007). Public-Health-Ethik in Abgrenzung zur Medizinethik. *Bundesgesundheitsblatt Gesundheitsforschung Gesundheitsschutz, 50,* 103–111.

Seligman, M. (1979). *Erlernte Hilflosigkeit.* München: Urban und Schwarzenberg.

Steffen, P., & Blum, K. (2012). Menschen mit geistiger Behinderung: Defizite in der Versorgung. *Deutsches Ärzteblatt, 109*(17), A–860.

Stengel, E. (2013). Misshandlungen im Pflegeheim: Wer glaubt schon einer Demenzkranken? http://m.stuttgarter-zeitung.de/inhalt.misshandlungen-im-pflegeheim-wer-glaubt-schon-einer-demenzkranken.6ca657de-20e8–4a4b-83d3-fb6931148cdc.html. Zugegriffen: 20. April 2014.

Teuschel, P. P. (2010). *Mobbing- Dynamik, Verlauf, gesundheitliche und soziale Folgen.* Stuttgart: Schattauer.

Thurau, M. (1998). Mutiger Einsatz für Aids-Patienten- Die Münchner SPD würdigt mit der Auszeichnung die Zivilcourage der Medizinerin. *Süddeutsche Zeitung, 16*(5), 16.

United Nations. (2013). *UN-Konvention über die Rechte von Menschen mit Behinderungen.* Hamburg: Hansestadt Hamburg.

Völkerling, J. (2009). Skandalöse Zustände in fränkischem Altenheim. http://www.welt.de/vermischtes/article3764877/Skandaloese-Zustaende-in-fraenkischem-Altenheim.html. Zugegriffen: 04. April 2014.

Weckert, A. (2011). Auf dem Weg zur klinischen Empathie. *Kommunikation und Seminar, 20*(1), 18–21.

Whitehead, M. (1990). *The concepts and principles of equity in health.* Kopenhagen: WHO.

WHO. (1986). Ottawa-Charta zur Gesundheitsförderung. http://www.euro.who.int/-data/assets/pdf_file/0006/129534/Ottawa_Charter_G.pdf. Zugegriffen: 13. April 2014.

Wolff, R., Clar, C., Lerch, C., & Kleijnen, J. (2011). Epidemiologie von nicht tumorbedingten chronischen Schmerzen in Deutschland. *Der Schmerz, 25,* 26–44.

Zapf, D. (2011). Mobbing am Arbeitsplatz. http://www.diag-mav-muenster.de/Dokumentationen/Vortrag%20Zapf-Mobbing-Fachtagung%2013.04.pdf. Zugegriffen: 24. April 2014.

Zapf, D., et al. (2010). Empirical Findings on Prevalence and Risk Groups of Bullying in the Workplace. In S. Einarsen, H. Hoel, D. Zapf, & C. Cooper (Hrsg.), *Bullying and Harassment in the Workplace* (S. 75–106). Broken: Taylor and Francis.

Zapf, D., Knorz, C., & Kulla, M. (1996). On the relationship between mobbing factors and job content, social work environment and heal outcomes. 5. *European Journal of Work and Organizational Psychology, 5,* 215–237.

The manufacturer's authorised representative in the EU is Springer
Nature Customer Service Centre GmbH, Europaplatz 3, 69115 Heidelberg,
Germany. If you have any concerns regarding our products, please
contact ProductSafety@springernature.com

Printed and bound by CPI Group (UK) Ltd, Croydon, CR0 4YY

28/04/2026

02098532-0002